CONSTRUCTOR DINÁMICO

CONSTRUCTOR DINÁMICO

MAXI CARLE

MIRA ESTO PRIMERO:

En forma de agradecimiento por leer mi libro, te quiero compartir un par de complementos que te ayudarán a comprender y recordar mejor los temas que se desarrollan aquí.

MAPA MENTAL: Es un resumen visual del libro

Descargalo antes de comenzar a leer!!

Tambien podrás acceder a otros materiales extras como por ejemplo, videos, recomendaciones y enlaces para ampliar los temas del libro.

Entra aquí:

Tecnicy.com/LibroConstructorDinamico

Contenido

Constructor Dinámico

La industria de la construcción es la más grande del mundo. Mueve 11 billones de dolars al año. Sin embargo, veo que a la industria la conforman dos tipos de constructores: los constructores tradicionales y los constructores dinámicos. ¿En cual grupo piensas que te encuentras?

Comencemos por el principio: ¿De qué se tratan los negocios de la construcción? Como todos los comercios, se tratan de compras y ventas.

Entonces, ¿Cuál es el motivo por el que una persona compra un producto o paga un servicio? Podemos decir que existen dos motivos. Por "dolor" y por "placer".

El dolor se refiere a una necesidad que demanda ser satisfecha. Y el placer se refiere a la búsqueda de algo que produce goce o confort.

En ese sentido, las empresas ofrecen "aspirinas y vitaminas". Las aspirinas son para un dolor que debe ser curado con urgencia, mientras que las vitaminas brindan una mejora o confort que puede ser opcional.

No es lo mismo comercializar un producto que debe cubrir inmediatamente una necesidad primordial, a un producto que solo brinda status o lujo.

Partiendo de este punto, vamos a entender mejor el proceso de venta y también, mejor el producto o servicio que comercializamos.

El rubro de la construcción es muy amplio en ese sentido. Se comercializan desde las necesidades más básicas del ser humano, hasta los productos más ostentosos.

Cada tipo de venta debe plantarse de diferente manera dependiendo de su naturaleza. Sino no somos conscientes de eso, será más difícil avanzar en mejoras de nuestro negocio.

El corazón del negocio de los constructores, generalmente, es "el servicio de construir un bien". Aunque esa acción parezca la más importante del negocio, no es lo único en lo que habría que concentrarse. El proceso de comercialización es mucho más amplio que solamente el producto que se ofrece.

El problema es que los profesionales de la construcción solo han tenido formación en "cómo hacer el producto". O sea, únicamente en la parte técnica. Y la mayoría carece de las herramientas y acciones que transforman un conocimiento técnico en un negocio rentable.

Algunas partes del negocio del constructor son: Darse a conocer, captar atención de los clientes, cerrar las ventas y satisfacer al cliente. Allí es donde apunta este libro. A complementar los conocimientos necesarios para el manejo completo de un negocio en el sector de la construcción.

Pilares de las constructoras

Una empresa de construcción tiene solo tres grandes funciones principales: obtener el trabajo, hacer el trabajo y gestionar el trabajo: marketing (ventas), operación y administración. Estas tres funciones son separadas y distintas, pero de igual importancia. Y deben tratarse de manera efectiva. Deben analizarse por separado, con la misma dedicación de tiempo y energías a cada una.

Cuando una empresa nace, es probable que el emprendedor deba adquirir la habilidad de cumplir las tres funciones. Sin embargo, es necesario que una persona tenga la responsabilidad directa de cada funcion. Esto puede significar tres personas diferentes, o dos, o una.

Es común para una pequeña empresa, que una persona maneje la captación y la administración del trabajo, mientras otro maneja operaciones. Tampoco es inusual que una persona maneje las tres funciones. Sin embargo, las funciones siguen siendo distintas.

Lo importante es que exista alguien que se haga cargo de cada área, tanto de los logros como de las desilusiones. La responsabilidad personal debe ser claramente reconocida.

Alguién podrá considerar una función más importante que otra, pero descuidar cualquiera de ellas es atentar contra la salud del negocio y su crecimiento. Son igualmente esenciales para el éxito.

La tendencia de los profesionales de la construcción a dedicarse exclusivamente a la *operación* del negocio, proviene generalmente, porque han tenido una "formación clásica" en donde el punto de atención es: "como hacer el trabajo". Seguramente, han adquirido los conocimientos técnicos necesarios para realizar todos los compromisos de muy elevada calidad. Por lo que, en la función de "hacer el trabajo" no encuentran debilidades.

Sin embargo, en las otras dos funciones es en donde la mayoría de los constructores, no tienen las fortalezas necesarias. La causa, probablemente sea, por la falta de capacitación que brinda la "formación clásica" sobre temas de gestión, marketing y ventas.

La finalidad de este libro es brindar claridad y mostrar el camino a seguir sobre los pilares de cómo gestionar la empresa constructora y cómo captar clientes. Personalmente, hubiera deseado leer libros de este tipo cuando comencé con mi carrera profesional. Nada de los que hay aquí lo aprendí en la universidad de ingeniería. Y sé, que tampoco lo enseñan en las carreras de arquitectura o constructor.

Si bien, existían excelentes libros sobre los temas técnicos y de *construcción* en sí. Nunca hallé alguno que me sirva para crecer en los aspectos comerciales.

Mi objetivo es expresar todo lo que he aprendido sobre estos temas y ayudar a los emprendedores que están comenzando en la industria de la construcción. Y porque no, también, a los que ya tienen trayectoria pero todavía no han despegado y necesitan una reinvención.

Industria tradicional

Durante años nuestra industria ha sobreestimado la capacitación continua. No es común que el personal de la construcción se encuentre actualizado en conocimientos de nuevas prácticas.

En el sector de la construcción he visto que se sobrevalora a algunas personas con 25 años de experiencia, que realmente tienen cinco años de experiencia y 20 años de repetir. Además, son considerados los maestros, de los cuales el resto debe aprender.

No digo que los nuevos no deban aprender de los más experimentados. Lo que quiero decir es que todos debemos capacitarnos continuamente.

Una organización de personas que regularmente no renuevan sus habilidades y aprenden cosas nuevas está destinada a replicarse indefinidamente. No hay lugar al progreso.

Es necesario estar actualizados para aprovechar las oportunidades de progreso. Y tratar de no quedarse atrás en las mejoras de eficiencia y productividad, ya que siempre habrá competidores un poco más "iluminados".

Como emprendedor debes saber que tu responsabilidad es mantenerte actualizado con información vigente y útil para la gestión de tu negocio. Deberás buscar capacitaciones o mentores que refuercen tus conocimientos y te permitan ser más competitivo.

Libro para constructores

Si estabas buscando un libro con información técnica sobre algún proceso de construcción en particular, éste no lo es.

O, si crees que aquí encontrarás una solución rápida o fácil para tener éxito en tu negocio, no es correcto.

Puede que algunas tácticas sean sencillas, pero no significa que sean fáciles, ni a corto plazo.

Es importante entender desde el inicio, que el éxito no es gracias a "encontrar" o "poseer" un gran y único secreto. Sino, que será por aplicar la suma de muchas claves "pequeñas".

Aplicarlas todas juntas es lo que hará la diferencia.

Durante todo el libro iré describiendo esas pequeñas claves, que puestas en práctica forman una fórmula de progreso y mejora.

No es el objetivo del libro dar una exposición maestra sobre negocios de la construcción. Sino compartir las cosas, de mi experiencia, que seguramente te servirán. Más bien es una guía de tácticas a seguir, para empezar una constructora, sin morir en el intento.

Introducción

Cuando me refiero a constructores o empresas constructoras, no solo me dirijo a empresas que se dedican a la edificación en sí. Con esos términos represento a todos los actores que están involucrados en la industria de la construcción.

Si tú te encuentras relacionado a algunos de los siguientes rubros, entonces eres parte de los "constructores" a los que me dirijo:

- Arquitectura.
- Remodelaciones.
- Terminaciones.
- Estudio de suelos.
- Agrimensuras y topografías.
- Cálculos estructurales.
- Estudios ambientales.
- Instalaciones eléctricas, sanitarias, de gas, de incendio.
- Instaladores de sistemas y equipos.
- Movimientos de suelos.
- Carpinterías.
- Iluminaciones.
- Decoraciones.
- Ingeniería civil, etc.

Emprendedores en la construcción

Un emprendedor que desea comenzar su negocio en la construcción, debe saber que lo primero es adquirir ciertas habilidades. Es un proceso que debes iniciar ahora, pero que prácticamente no acabará nunca. Deberás incorporar una filosofía de continuo desarrollo. Esa es la base para poder llevar a cabo cualquier estrategia de progreso en su negocio.

Por ejemplo, una habilidad que debes adquirir para poder crecer como constructor, es la de ser muy bien administrado. Me refiero a ser prolijo en cómo gestionas la empresa. Mantener la información organizada y cumplir con los plazos y compromisos. Llevar control de las cuentas por pagar y las cuentas por cobrar. Cuando no tengas desarrollada esta habilidad en el manejo de tu empresa, te costará demasiado crecer, e incluso mantener estabilidad.

La otra habilidad muy importante, que seguro ya debes haber escuchado, es la de vender.

Eso que nos cuesta tanto a los profesionales de la construcción. Algunos hasta tienen rechazo al ejercicio de vender. Eso se debe, en gran medida, a la imagen que tenemos del estereotipo de vendedor agresivo. Ese que con tal de llegar a su fin, no da lugar a una respuesta negativa del cliente. Que en general es muy insistente e invasivo.

Para nuestra suerte, existen otros métodos de venta igualmente efectivos. Pero sí debes saber, que es de suma importancia nutrir tus habilidades de ventas. Piensa que las ventas son el alimento de tu negocio. Esos temas desarrollaremos más adelante.

Escenarios futuros

Si hacemos el ejercicio de imaginarnos los próximos años (en relación a nuestro mercado), podríamos prepararnos mejor comercialmente.

El mundo se enfrenta a muchos desafíos que afectan el bienestar de la sociedad. Es sabido que, existe un proceso de urbanización veloz, cambio climático y escasez de recursos.

El Foro Económico Mundial estableció la configuración del futuro de la construcción. Plantearon tres escenarios futuros de desarrollo urbano.

Dice que, el futuro de nuestra industria y todos los aspectos de la vida estarán tocados por la realidad virtual. Los sistemas inteligentes y los robots operarán la industria de la construcción.

Otro escenario futuro será, una sociedad dominada por fábricas, en la cual, la prefabricación y modularización será empleada para construir edificios de forma más rentables.

Un tercer escenario del mundo, podría enfrentar un cambio climático severo y agotamiento de recursos naturales. Esto obligaría a desarrollar métodos de construcción amigables con el medioambiente y materiales sustentables.

Dice además que, las estrategias de negocios de los involucrados en la construcción, no será suficiente para afrontar ninguno de estos mundos futuros. Pero hay seis movimientos que pueden hacer las constructoras para prepararse.

Como comenté anteriormente, hay ciertas habilidades que debe adquirir un emprendedor de la construcción:

1- Deberá desarrollar habilidades para atraer talentos. Puede ser mejorando la imagen de la empresa o proporcionando lugares de trabajo más modernos. También, ofreciendo oportunidades de aprendizaje y desarrollo para sus empleados.

2- Las empresas necesitarán permitir el cambio de gestión y la adaptabilidad. Esto requiere implantar metodología ágiles y organizaciones flexibles.

3- Además, necesitarán poner en marcha modelos digitales y el uso de datos en sus procesos.

4- También, deberán adoptar tecnologías innovadoras. Es importante innovar en nuevas formas e integrar nuevas tecnologías.

5- Las constructoras necesitarán aumentar la integración y la colaboración en toda la cadena de valor.

6- También deberán identificar constantemente los productos, servicios y los segmentos de mercado más prometedores, mientras se adoptan nuevos negocios.

Estos son los cambios globales que debería adoptar una empresa en la industria de la construcción, si pretende adaptarse a las tendencias. Estos son los conocimientos que pretendo transmitir a lo largo del libro, para ayudar a generar un nuevo movimiento de constructores "dinámicos".

Considera que la construcción, y cada vez en mayor medida, será un commodity. Para ser competitivos en la producción y comercialización de un commodity, es necesaria la eficiencia. Esto lleva a un mercado con presencia de numerosas constructoras pequeñas y medianas, bien capacitadas y entrenadas. Por lo tanto, la oportunidad es para contratistas individuales y profesionales de la construcción.

La forma más clara que yo encuentro para guiar el camino de cambio de pensamiento de los constructores, es a través del modelo llamado: **D.A.T.O.S.** Que surge del acrónico **D**igitalización / **A**lineación a **T**endencias / **O**rganizaciones **S**aludables.

Este modelo resume las claves y es la base de todo el libro.

DIGITALIZACIÓN, se refiere a la importancia de llevar adelante la transformación digital de los constructores. Que incluye la necesidad de construir una marca y de captar la atención de los clientes con el marketing digital.

ALINEACION a **T**ENDENCIAS, se refiere a importancia de encontrarse un paso delante de la competencia en temas de innovación y tecnologías, para lograr una mejora continua en los servicios que se ofrecen.

ORGANIZACIÓN **S**ALUDABLE, representa la manera en que se gestiona y organiza la empresa. Principalmente en la forma de trabajar con empleados, colaboradores, y con otras empresas del rubro, etc.

El modelo **D.A.T.O.S.** guía la mejor manera de actuar (en estos tiempos) sobre captación de clientes, competitividad y modelo de gestión de equipos. Viene a reforzar la parte "débil" de la educación que han recibido los profesionales de la construcción.

En resumen, buscamos ir un paso (o varios) más allá en el manejo de la empresa constructora.

Aquí propongo recorrer un camino de: **transformación** y **reinvención**. Esto implica profundizar en temas como por ejemplo, la necesidad de innovar, de crear marca, de realizar de forma apropiada marketing y presupuestos, de diseñar un crecimiento controlado, de adaptar la organización y cómo gestionar, de conocer las tendencias; y tomar ventaja de todo eso.

Nota:

Este libro va acompañado de material de apoyo valioso que te servirá para mejor comprensión y aplicación de los conceptos.

Ingresa a:

Tecnicy.com/LibroConstructorDinamico

Y accede al contenido gratuito.

Camino a la Tansformación

La mayoría de las constructoras tienen una forma de hacer las cosas basadas en el siglo XX. Quieren vender el mismo producto y servicio a la gente que estaba comprando hace 50 años. Y operar como se hacía hace 2 generaciones. Desafortunadamente para ellos los días de comercialización tradicional están desapareciendo.

Estas empresas deben considerar ciertos criterios digitales si desean experimentar crecimiento y prosperidad en los años venideros.

El primero, es la necesidad de transformar el núcleo de su empresa para que coincida con esta era digital. Desde la ingeniería y la producción hasta las funciones de ventas y soporte. Hoy, todas las facetas de la empresa deben estar conectadas digitalmente entre sí.

La transformación digital para las empresas constructoras ya no es una elección. Pronto será la diferencia entre las que son comercialmente viables y las que no.

Economía de resultados

Hoy, el *proceso* desde tener una idea de negocio hasta llevarla al mercado, es más rápido que nunca. Todo avanza muy veloz y hay cambios continuamente. Por eso, la forma de trabajar adecuada, necesita poder operar en armonía con este tipo de entorno. No sería acorde mantenerse al margen de los avances como si estuviéramos en una realidad congelada en el tiempo.

Hace tiempo, lo único que valoraba el consumidor era la calidad del producto (junto con el precio). Ahora eso cambió. Por eso, la empresa debe estar alineada con esta economía de resultados. En donde lo que importa es la "experiencia" del cliente.

Hay que dejar de tener en mente nada más que el producto y el punto de venta, como si fuera lo único importante.

Es común en este sector, enfocarse y considerar el *punto de venta* como lo más importante. Se piensa que allí se concreta y finaliza la comercialización. Pero en realidad, todo modelo de negocio debe centrarse en crear experiencias y fomentar relaciones a largo plazo con los clientes.

Nos encontramos en una economía de resultados. Eso significa que hoy se deben vender resultados y experiencias.

Hay que comprender que la economía de resultados se refiere a que el cliente ya no busca el producto, sino el resultado final como toda una experiencia.

Muchas empresas están haciendo la transición. Y quienes no lo hagan seguramente van a quedar atrás. Cualquier constructor ansioso por crecer en el mercado actual debe prestar atención a los cambios. Para prosperar en el mundo moderno debes mover tu enfoque desde las *características del producto* hacia la *experiencia del cliente*.

Principales cambios

El desafío más grande es cambiar el modelo enfocado a la parte "opertiva" del negocio, para que se ajustarse al ecosistema digital actual. Los constructores deben hacer los primeros pasos hacia la transformación en apalancamiento de ventas (uso de plataformas), en aumento de producción (uso de nuevas tecnologías) y en su organización (dinámica y ágil).

Investigación y desarrollo

Un punto importante en la transformación hacia *constructores dinámicos*, es cambiar la forma en que se aborda la investigación y el desarrollo dentro del negocio. Este tema debe ser una prioridad. Los softwares y la tecnología evolucionan constantemente, por lo que tu equipo debe mantenerse al tanto de las últimas novedades.

Sabemos que un diferencial en las mejores empresas constructoras a lo largo de la historia, fue la capacidad de aplicar nuevas tecnologías. En tu emprendimiento, deberías adoptar la política interna de hacer pruebas de nuevas posibilidades, de implantar cambios y el monitoreo de datos de retroalimentación.

Dependiendo del rubro al que te dediques, existirán decenas de alternativas para hacer uso de nuevas tecnologías.

Es clave aplicar mejoras en tecnología para ayudar al servicio que brindas. Y estas se deberían perfeccionar constantemente. Ampliaré sobre Alineación a Tendencias en el último capítulo del libro.

Plataformas digitales

Otra cuestión que deberás evaluar, es la de pertenecer a una plataforma digital. Esta es una de las herramientas que ayuda a potenciar el alcance en el mundo digital. Al unirte, eres parte de un sistema poderoso. Las plataformas les permiten a los constructores, ganar valor y exposición. Eso se llama apalancamiento. Ayuda a que puedas llegar a clientes de manera más fácil.

Estas plataformas pueden variar dependiendo en diferentes geografías. Son generalmente llamadas plataformas de Marketplace, en donde concurren tanto los clientes como los proveedores de servicios o de productos. Un lugar en donde se junta la oferta y la demanda.

Una bien conocida y de rubros muy generales es Mercadolibre.com. Otra específica del rubro de la construcción es Habitissimo.com. Existen muchas otras, sobre alquiler de maquinaria, transporte de equipos, etc.

Debes considerar seriamente la utilización de las plataformas existentes para apalancarte. Principalmente si eres una microempresa o un pequeño emprendedor. Puede ser una gran opción y una forma relativamente sencilla y económica de comenzar a digitalizar su empresa.

Incluso grandes empresas logran resultados utilizando las plataformas para apalancarse. Personalmente utilizo las plataformas continuamente, como un medio más en mi estrategia multicanal de llegar al cliente. Las he usado durante 8 años y cada vez tienen mayor tráfico.

Éstos mercados digitales están en constante crecimiento y han tenido un pico de utilización a partir de la cuarentena por la pandemia. Recomiendo a todos los constructores a tener presencia e incurrir en estas plataformas para sumar un medio de captación de clientes. Estos son unos de los medios que permiten realizar las ventas de manera más natural. Y poco invasiva, ya que acuden las personas que están necesitando de esos servicios.

Empresas ágiles

Normalmente, en países tercermundistas y en empresas muy tradicionales, como las constructoras, el esquema de jerarquía de personal está bien establecido. Son los clásicos esquemas de autoridad descendente "vertical".

En un contexto de mercados tecnológicos que evolucionan velozmente, las empresas con jerarquías tradicionales son más propensas a que a sus equipos se les dificulte actuar rápidamente.

Con respecto a la gestión de las constructoras, uno de los retos más grandes, será el de dejar de pensar linealmente; y cambiar a la construcción de modelos ágiles.

Las metodologías ágiles se basan en estructuras de equipos pequeños empoderados. Orientados al producto o al servicio, con un enfoque en la experimentación. Esto es muy común en las empresas tecnológicas, pero en la industria de la construcción no tiene demasiada difusión. Los pocos que la están aplicando han demostrado beneficios significativos.

Equipos pequeños con poder de decisión, es una de las bases de estas metodologías de gestión. Amazon tiene una regla muy simple, la de las dos pizzas. No es otra cosa que, si un equipo de trabajo no puede ser alimentado por dos pizzas grandes, entonces significa que el equipo es demasiado grande. Tiene que hacerlo más pequeño o bien crear equipos adicionales.

Lo que se busca con las metodologías ágiles es la detección temprana de problemas y rápida toma de decisiones.

La planificación y análisis minucioso de las obras, antes de la ejecución, es otra de las técnicas en las que se basa este tipo de gestión.

En la ejecución tradicional en donde se comienza la obra, y a medida que esta avanza, se van integrando más contratistas de cada rubro. La estimación de cuanto demora cada tarea (de cada subcontratista), se realiza por experiencia de obras anteriores.

A diferencia de eso, en las metodologías ágiles, se realiza una reunión inicial en donde participan todas las subcontratistas que van a participar en la obra. Ellos dejan plasmado cuáles son sus tiempos reales de trabajo y qué labor necesitan que se encuentre terminado para ellos poder comenzar. Esta junta inicial es clave en la planificación.

Luego, durante la ejecución de la obra, se hacen reuniones semanales en donde se detectan las desviaciones y se toman correcciones a tiempo. Admite un control al instante, de qué es lo que está sucediendo y que ajustes se deben hacer. Permite tomar mejores decisiones y sobre todo generar los cambios mucho más rápidos.

Otra diferencia es que mucha más gente tiene acceso a mayor información sobre el proyecto. Este punto puede traer algo de rechazo por parte de constructores muy arraigados en el pensamiento tradicional de construcción. En donde el director es el único que conoce toda la información y los demás actores solo saben su parte.

Una de las herramientas más fuerte de esta metodología, es la utilización de sistemas de modelos digitales. Se realizan réplicas completas de la obra a ejecutar. No sólo los planos constructivos, sino un modelo 3D digital con un elevado nivel de información sobre la obra. Incorpora información de tiempos y costos de los proyectos. Esto permite gestionar la información de manera inteligente, prever o anticiparte a situaciones en la obra real. Cómo por ejemplo, formas de ejecutar los trabajos, evitar posibles interferencias, etc. Estos modelos son los llamados BIM (Building Information Modeling). Su uso es muy ventajoso y se está masificando. Algunos gobiernos europeos (como España) los están decretando de uso obligatorio. Sin lugar a dudas, las empresas que se dedican a las edificaciones de obras deben utilizar estos softwares en sus proyectos. Algunos de los más utilizados son Revit®, ArchiCAD® y AllPlan®.

Una vez construida la obra, existe una tendencia enmarcada en la industria 4.0, que lleva esta idea un paso más allá, utilizando el concepto de gemelo digital. En donde se genera una réplica virtual del edificio con el fin de simular su homólogo físico. Así poder monitorizarlo, analizar su reacción ante determinadas situaciones y mejorar su rendimiento. Permite experimentar en la edificación sin correr riesgos, a modo de laboratorio. Simular aspectos como funcionamiento de instalaciones o incorporación de elementos, sin afectar al normal uso de éste.

Esto requiere un alto grado de sensorización de los edificios y hoy esa es la principal causa de que sea más una tendencia que una realidad.

A diferencia de otros productos, las obras de arquitectura e ingeniería civil generalmente son únicas, no son repetitivas. Cada una es un modelo único. En su ejecución debemos ser lo más eficiente posible. Con estas herramientas logramos anticiparnos a los problemas o detectarlos con anticipación. Eso ayuda en gran medida a mejorar la eficiencia.

Las personas que estamos en la industria de la construcción, debemos hacer ese cambio de pensamiento lineal e inclinarnos a la implementación de modelos ágiles de operación. Si eres constructor, lo debes comenzar a aplicar y si eres subcontratista debes conocer esta metodología para comenzar a trabajar con constructoras que lo utilicen.

Amigos del cambio

Actualmente es abrumador lo que está sucediendo en la economía. Si sientes que tu negocio está estancando o si no está logrando resultados esperados, seguramente te confiaste e hiciste siempre las cosas de la manera tradicional. La realidad es que ahora exige cambios radicales.

No sabemos qué va a pasar mañana. Pero por lo menos podemos entender que nos tenemos que anticipar. O más bien, no esperar a que estos cambios simplemente nos impacten de manera negativa. Entonces debemos tomar acción.

Digitalizar tu negocio debería ser un paso clave en tu hoja de ruta. Este proceso crea una cultura centrada en pruebas rápidas de aprendizaje e impulsa las nuevas ideas.

La implementación de un programa de transformación digital generalmente termina reduciendo costos. Lo que significa que la transición se amortiza de manera efectiva.

Profundizaré sobre el tema de la digitalización en los próximos capítulos.

¿Cómo lograr una Diferenciación?

¿Qué es lo más importante en una constructora?

La respuesta es, las ganancias.

Por más que sea una obviedad, necesito que lo tengas muy presente.

Un negocio sin ganancias no puede vivir. Es el oxígeno.

Cada servicio ofrecido tendrá más o menos margen de ganancias. En algunas zonas habrá más competencia en ciertos rubros que en otros.

Algunos tendrán más gastos fijos. En otros habrá más demanda. En todos los casos las empresas competirán por tomar la mayor cantidad de trabajo disponible en el mercado.

La mirada de los clientes se puede simplificar a continuas comparaciones entre las empresas. Comparaciones de precios, de calidad, de tiempos de entrega, atención al cliente, etc.

En definitiva, los constructores miden entre ellos sus características. Con el objetivo de que los clientes se decidan a contratar a ellos.

Pero existe la forma de no preocuparse por la competencia y caer en comparaciones constantes. Se trata de independizarse de esas variables comparativas. Lograr eso significa dejar de luchar por el oxígeno de nuestro negocio.

La manera de garantizar la rentabilidad de nuestro negocio es diferenciándose.

Por diferenciación, no me refiero al nombre de la marca, los colores o el logo. Sino que tus clientes te perciban como si fueras "único" en el mercado. Sin comparación.

Para lograr una percepción positiva, hay que tener una diferenciación profunda.

Las nuevas constructoras generalmente van en otra dirección. Tratan de parecerse o hacer lo mismo que a otras constructoras ya consolidadas. Es un error común, en donde pasan a ser comparados con otras marcas fuertes y no pueden sostener la presión de la competencia.

Entonces, te preguntarás ¿cuál es el camino para lograr la diferenciación?

El camino

Aquí aparece nuevamente este concepto. Consiste en agregar al negocio muchos diferenciadores. Observa bien, que no digo que necesita un único "gran diferenciador". Sino, la suma de una buena cantidad de pequeños diferenciadores. Eso es lo que lo hacen incomparable.

Son pequeñas innovaciones que vas validando en toda tu empresa.

En todos los aspectos de tu negocio se puede introducir diferenciadores; en comunicación, ventas, cobro, entrega, operación, marketing, administración, etc.

Podrías hacerte la idea mental de este concepto, imaginándote la construcción de una casa. En donde cada ladrillo que coloques sea diferente a los demás (en color, textura, material, etc.). Al final tendrías una vivienda construida con cientos de ladrillos diferentes. Sería imposible de construir una igual, por más te tengas los mismos planos.

De eso se trata, de hacer imposible que tu competencia pueda construir algo igual. Hcer que no te puedan comparar. Así se logra la diferenciación.

Algo curioso que sucede cuando comprendes eso, es que comienzas a notar que te encuentras en un estado de alerta constante. Descubriendo en todo momento y en cualquier lugar, posibles diferenciadores que puedas incorporar a tu constructora. Estarás al día con las tendencias del mercado.

También, con los casos de éxito de otros innovadores te inspirarán en la gestión de tu negocio.

Mercados complejos

Se dice que hoy los mercados son volátiles, imprevisibles, complejos y ambiguos (mercados V.I.C.A.). Por eso, el proceso de diferenciación no es algo estático. Una vez que se logra, no termina allí. La innovación debe ser permanente. La búsqueda debe ser de forma continua. Debemos sentirnos siempre en movimiento.

Tal vez pienses que sea difícil lograr este estado de diferenciación constante. No digo que sea fácil. Pero, recuerda que al final, las innovaciones se reducen sólo a "pequeñas pruebas".

Pequeños monopolios

La idea es encontrarnos en un mercado donde no tenemos competencia. Se busca la diferenciación para llegar a lo que se llama un "monopolio temporal". Se denomina así, debido a que el negocio es percibido como único, durante un determinado tiempo. Según estudios, estos "pequeños" monopolios temporales duran entre dos años a seis meses. Tarde o temprano, otros competidores comienzan a copiar los diferenciadores y desaparece el monopolio.

Un competidor puede copiar algo que vea que le funciona a la empresa precursora, y de hecho seguro lo va a hacer. Eso lleva un tiempo, primero tiene que detectar la novedad y luego descubrir o aprender cómo aplicarla. Durante ese tiempo la empresa innovadora disfruta de un "monopolio temporal".

Pero qué sucede cuando la empresa precursora tiene una maraña de pequeñas innovaciones. Es muy difícil que la competencia pueda entender y replicar cada una de esos diferenciadores. O por lo menos, le llevaría mucho tiempo. Y si encima, se van agregando nuevos diferenciadores continuamente, la empresa innovadora se encontrará siempre un paso adelante.

En mi caso tuve un importante diferenciador que duró más de tres años. En mi empresa de estudios geotécnicos, implementé una maquinaria que me permitió realizar los trabajos de campo mucho más rápido, con menos esfuerzo y personal.

Al mismo tiempo, los clientes nos veian con una imagen más "profesional" que a mis competidores, sólo por utilizar dicho equipamiento.

Este punto de diferenciación fue unos de los motivos por los cuales crecí mucho y pude sostenerme dominante en mi mercado. Pero no fue el único diferenciador. Puse en marcha decenas de pequeñas acciones que mis competidores no realizaban. Aún más que las empresas con gran experiencia y más prestigio que yo.

Al aplicar diferenciadores como por ejemplo: página web actualizada, redes sociales activas, presentación diferenciada de presupuestos, formas de pago, avisos digitales, entrega de informes diferenciados y muchas pequeñas cosas más. No fueron grandes innovaciones, pero la suma de todas ellas me llevaron de cero a posicionarme como uno de los líderes en mi área de trabajo.

Conocer el mercado

Debemos ser conscientes de nuestro posicionamiento. Tenemos que estar seguros de que conocemos con precisión cuál es el mercado objetivo. Nuestro nicho. El segmento objetivo al que estamos apuntando y cuál es la posición de nuestro servicio en relación con otros productos competitivos. Como el dicho: "si no sabemos a dónde vamos, terminaremos en cualquier lugar".

Tener claro cuál es el cliente objetivo ayuda a detectar cuáles serían esas cosas que ellos valoran.

Los precios más bajos

El error común de las empresas que brindan servicios en el sector de la construcción, es el de conseguir trabajos sólo con la táctica de bajar el precio de los servicios. Para no perder el trabajo frente a su competencia, reducen su precio a costa de menos ganancias.

La principal razón por la que una empresa constructora debe diferenciarse es para no competir por precio.

Una vez que le presentamos nuestros servicios a un cliente, nos hace la siguiente pregunta. ¿Cuánto va a costar?

Y seguro, la segunda pregunta que hace es ¿cuánto tiempo demorará?

Si nos basamos en esto, deducimos que la empresa que sea más barata captará a todos los clientes. Y en caso de igual precio, la que lo realice más rápido.

Nuevamente, caer en este tipo de disputa, es uno de los errores más comunes de los constructores. Debes entender, que los negocios tienen costos fijos. Cuando se bajan los precios, lo único que haces es bajar las ganancias. En otras palabras, competir por precio, atenta contra la rentabilidad. Atenta contra la salud del negocio.

En el único momento que sería aceptable utilizar precios bajos, sería en los inicios de un negocio. Con el objetivo de comenzar a tener presencia y crear una inercia de trabajo. El problema es que generalmente, luego de tomar los primeros trabajos, los constructores continúan con la política de ser baratos en todo momento y siguen compitiendo por precio.

Un precio bajo se puede utilizar como estrategia de entrada con un producto, que sirve para atraer al cliente. Pero con el objetivo de que "proximamente", venderle un servicio o producto más rentable. Esto lo realizan algunas empresas, sabiendo que es difícil obtener un nuevo cliente. Pero una vez que ya le hicieron una venta, las sucesivas cuestan menos trabajo. Eso sucede porque el cliente ya lo conoce al constructor y se ganó su confianza.

Yo lo hice cuando inicié mi emprendimiento. Tenía precios un poco por debajo de la competencia. Esto me sirvió para penetrar en el mercado y empezar a ser parte de la oferta. Para darme a conocer y tomar confianza. Era consciente que en los primeros pasos de un negocio no se obtienen grandes ingresos. Además, me permitió validar algunas pruebas de la ejecución de mi trabajo.

Pero tuvo su parte negativa. Una vez que entendí que debía subir los precios y delegué la tarea de presupuestar a mis colaboradores, resultó que se habían acostumbrado a esa estrategia. Y costó mucho hacer entender que el precio debía ser más elevado, ya que lo importante era la rentabilidad.

Con el tiempo, entendí que no es necesario comenzar un negocio con precios bajos para insertarse al mercado. Con la ayuda de una estrategia de diferenciación, se puede comenzar con servicios caros (prémium) a algunos clientes específicos (nicho) y obtener una rentabilidad alta que permita establecerse.

Formas de diferenciarse

Las constructoras pueden diferenciarse en al menos las siguientes seis maneras:

Por el nicho

Me refiero al público objetivo de tus servicios. A quién va apuntado tu producto. No se puede servir a todo el mundo. Enfocarse en un nicho específico ya es una estrategia de especialización por sí misma. Cuantos más especializado esté tu negocio, mayor diferenciación lograrás en tu mercado.

Existen constructores que se especializan en un tipo de obra, como por ejemplo, solamente en obras de oficinas, o únicamente en obras domiciliarias de alta gama. Y por lo tanto, se establecen como referentes en su nicho.

Por la comunicación

Se trata de cómo llega la marca a sus clientes y qué les transmite. El marketing desempeña un papel fundamental aquí.

Existen muchas formas de comunicar nuestra marca. Qué canal utiliza la empresa para llegar a los clientes. Puede utilizar medios tradicionales o medios digitales. Se puede inclinar a medios escritos o a medios visuales. Etc.

En el sector de la construcción se usa mucho los medios tradicionales como el periódico o la radio. Por eso, para diferenciarse, recomiendo los canales digitales. Y especialmente con la utilización de imágenes y videos.

Por su producto

Frecuentemente, cuando alguien habla de diferenciación se refiere a este punto. Consiste en cuán diferente es tu producto o servicio en sí mismo. Si fuera un material para la construcción, cuáles serían las características únicas que no tiene otro material.

En las edificaciones, diferenciarse es cada vez más difícil. Las construcciones se parecen cada vez más entre ellas, debido a las modas, estilos y materiales que se utilizan. Los cliente ven cada vez, y en mayor medida, a la construcción como un commodity. Se debe a que, ellos piensan que cualquier empresa que realice el trabajo, el resultado será el mismo.

Ten presente que, debido a eso la diferenciación es dificultosa en este punto. Dependerá mucho de aplicar nuevos sistemas constructivos, nuevos materiales, mejores prácticas, nuevas tecnologías, etc.

Por la experiencia del cliente

Este punto, se refiere al "servicio al cliente". O sea, la experiencia durante todo el proceso de transacción. ¿Fue atendido correctamente? ¿Recibió respuesta inmediata ante una queja? ¿Cumplió en los plazos acordados? ¿El resultado fue más de lo que esperaba? ¿Fue contactado, luego de un tiempo de realizado el trabajo para preguntar si está todo bien? A toda esta vivencia, se la llama frecuentemente, el viaje del cliente. Las empresas muy abocadas a la atención al cliente, se preocupan por cada detalle. De manera que logran que cada comprador se sienta único. El secreto es prometer menos y dar más.

Conocer a tus clientes, te permitirá adelantarte a sus necesidades. Aunque esto parezca simple, eso sólo ya te puede diferenciar. En ese sentido, tengo una visión sobre mercado latino. Creo que es tan mediocre la atención al cliente en el rubro de la construcción, que sencillamente haciendo las cosas de manera profesional y responsable, ya es suficiente para hacer una gran diferencia.

Una constructora de mi zona logró diferenciarse de su competencia instalando una cámara de seguridad en cada obra. Logró un alto índice de satisfacción de sus clientes, ya que les permite seguir los avances de manera remota.

Por la razón de ser

Todas las empresas saben "qué hacen". Algunas empresas entienden "cómo lo hacen". Pero hay un nivel muy bajo de compañías que saben el "por qué lo hacen". Este nivel es el verdaderamente importante. Cuando la razón de ser de una empresa es poderosa, logra tal diferenciación, que muchas personas se alinean con ese fin. No solo clientes, sino también nobles empleados.

Por su modelo de negocio

Las empresas más innovadoras son las que cambian la forma de hacer los negocios. Este es, tal vez, el diferenciador más grande, pero también el más difícil de conseguir. Se refiere a hacer negocio de una nueva manera. En otras

57

palabras, de obtener ganancias diferentes a la forma clásica.

Recientemente, han surgido muchas empresas que utilizan las plataformas digitales para apalancarse. Por ejemplo, la empresa AirBnb se convirtió en la mayor inmobiliaria del mundo sin ser dueño de ninguna edificación. Lo hizo conectando demandantes y oferentes de alquileres temporarios a través de una plataforma.

Los negocios extremadamente innovadores son los que se diferencian en todos estos puntos. No estoy diciendo que debas lograr esto, sino que es preciso conocer estos puntos importantes para poder buscar tu propio camino a la diferenciación.

Observa, además, que el factor tecnológico se encuentra vinculado de una u otro forma, a los puntos de innovación. Digamos que es necesario amigarse con la tecnología y tenerla de aliada. Este proceso es la nombrada transformación digital de las constructoras.

¿Porqué nutrir una Marca?

En este capítulo quiero que desarrollar lo importante que es tener una marca. Es muy valioso no solo en el rubro de la construcción, sino en cualquier tipo de negocios. De manera que entraremos en el mundo del *branding* (construcción de marca).

Cuando digo que es importante crear una marca, no hablo de una marca mundialmente reconocida como Coca-Cola. Sino que me refiero a la reputación en tu zona de trabajo. Puede ser tu propio nombre o el de tu empresa. Tu marca sería el reconocimiento en tu localidad, pueblo o ciudad.

Largo plazo

Cuando comenzamos un negocio debemos tener una idea clara de cuál es el objetivo a largo plazo. Debemos pensar en que "situación" del negocio deseamos estar en 5 o 10 años.

Es cierto que cuando emprendemos nuestro negocio en la construcción, necesitamos obtener clientes inmediatos que nos permitan vivir el día a día. Pero debemos entender que, pensar a largo plazo será lo que nos diferencie de las miles de empresas que quiebran antes de los 3 años de vida.

Diseñar el negocio a largo plazo crea una fortaleza que permite no perder el foco en los momentos "duros". Brindará claridad en cada etapa durante el crecimiento de la empresa. Tener la meta clara a donde queremos llegar ayuda a no desviarnos del camino y a realizar las cosas que sean necesarias para lograrlo.

Todo lo que hacemos en nuestro emprendimiento, y cómo nos relacionamos, crea nuestra *marca*. La *marca* no es algo estático. No es únicamente un logo. No es solo un nombre, ni tampoco una imagen; la marca es la suma de todo eso y mucho más.

Debemos comprender que una *marca* no es lo que comunicamos, sino lo que perciben nuestros posibles clientes. Una marca es lo que las personas dicen, piensan y sienten sobre tu producto, servicio o empresa.

La *marca* (brand, en inglés) vendría a ser la reputación de nuestra empresa. La forma en que se relaciona nuestra marca con el entorno crea una "imagen" en los demás. Esa imagen puede ser buena, mala, indiferente, etc. Y pude transmitir sensaciones diferentes como por ejemplo de calidad, de costosa, de alta gama, de lowcost, de exclusividad, etc. De hecho, podría estar definida por varios calificativos.

Branding

Para crear una marca nos deberíamos preguntar ¿Cómo queremos que nos vean? o ¿cómo nos gustaría posicionarnos en el mercado? La creación, construcción y desarrollo de una marca es lo que se llama branding.

Para crecer en la construcción de una marca, es importante tener una estrategia de branding. O sea, tener claro cuáles son las personas a las que te diriges y qué es lo que quieres transmitir. Además, es sumamente necesario ser consistente, constante y auténtico con ese mensaje.

Algo tan simple como tener claridad en las ideas, nos puede posicionar en un lugar privilegiado del mercado. En mayor medida en el rubro de la construcción, en donde lo tradicional y la baja actualización en prácticas de marca, es algo común.

Verás muchas veces, que alguien con un buen branding tiene más éxito, que otro con un mejor producto pero sin posicionamiento de marca.

Marca personal

Cuando un constructor está comenzando con su negocio de servicios profesionales, debe saber que, crear una marca de una empresa es más costoso que crear una marca personal. La ventaja que da tener una marca personal es la posibilidad de generar confianza más fácilmente que un logo o una empresa. Una persona confía rápidamente en alguien que es considerado como experto en cierta materia. Mientras que una empresa genera mayor sensación de distanciamiento.

Otra gran ventaja, es el bajo costo que conlleva elevar una marca personal, en comparación a una marca de empresa. Por eso, recomendaría a los profesionales que están iniciando sus emprendimientos, inviertan en su marca personal.

Quiero dejar claro lo siguiente. Las empresas son personas, las marcas son personas y los clientes son personas. Todos nos regimos de emociones. Entonces, uno de los grandes desafíos de las marcas, es conectar con las personas a través de emociones.

Ya sea una marca personal o de empresa, se necesita transmitir profesionalidad y confianza. La estética es un aspecto al que hay que prestar atención. Sacando de lado a los arquitectos, la estética de la marca no es un punto fuerte dentro de los constructores. Aconsejo delegar el diseño de la imagen de la marca. Acudir a profesionales de diseño nos puede ayudar a crear una imagen adecuada. Si les transmitimos la información de nuestros valores, nuestro mercado y nuestros clientes, ellos definirán los colores, la estética, el tipo de letra y el logo apropiado.

Para contratar diseñadores de estética empresarial se pueden utilizar plataformas como por ejemplo Fivver. Se trata de sitios en donde profesionales ofrecen sus servicios desde cualquier parte del mundo (que personalmente me han dado buen resultado). Lo bueno de estos sitios son los tiempos de entrega rápidos a buen precio. En 3 o 4 días ya puedes tener toda tu estética lista. O sea, que en una semana puedes tener modernizado el logo y los colores de tus redes sociales y sitio web.

Una empresa, dos especialidades

Hay que saber que la presencia online permite potenciar nuestro negocio de maneras nunca antes vistas. Y posicionar tu marca es gran parte de eso.

Para crear una empresa en el sector de la construcción que tenga éxito, es necesario "crear dos empresas". O mejor dicho una empresa que se especialice en dos rubros.

Una especialización será tu "trabajo", propiamente dicho, dentro del rubro de la construcción; y la otra especialización será el "marketing". Así es, el marketing es tan importante para el éxito de tu emprendimiento como el producto que ofreces.

En consecuencia, deberás incorporar conocimientos para poder manejar de manera adecuada el posicionamiento de su marca. La buena noticià es que hacer marketing en internet es muy accesible para emprendimientos pequeños. Pero se necesita dedicarle tiempo. Deberás enfocar todos sus esfuerzos en el marketing digital; ser tu propia empresa de servicios de marketing.

Entregar valor

Las estrategias de marketing digital que hoy proveen los mejores resultados, son las que se basan en brindar contenido valioso a una comunidad. Contenido es todo lo que imagines que puedas brindar a tus posibles clientes. Podría ser información, imágenes, audios, videos, planos, frases, datos, gráficos, dibujos, etc.

Se trata de entregar contenido de valor sobre un tema específico a personas que necesiten esa información. Esto genera una comunidad en una misma "sintonía" que lo valorará, lo seguirá, lo recomendará y eventualmente será tu cliente.

A la vez, de esa forma se va formando una reputación y crece su *marca*. Profundizaremos en estrategias de marketing en el siguiente capítulo.

Establecer una marca

Crear una marca requiere entre otras cosas de una metodología eficiente. Por eso es importante abordarlo con orden. Nos asegura resultados positivos y duraderos.

Existen varias fases en este proceso:

En la fase de investigación, se profundiza en el estudio del servicio y la audiencia (clientes). También en el entorno y en la competencia.

En la siguiente fase, se define el ADN de la marca. O sea, el concepto que determina la personalidad. Y los valores internos que tendrá la marca, de manera que podamos proyectar correctamente su esencia.

En la tercera fase, se desarrolla la identidad a nivel visual, verbal y espacial teniendo en cuenta los parámetros establecidos en las fases anteriores.

Una vez que la entidad ha quedado definida, se procede a implantarlas en distintos tipos de materiales y soportes partiendo desde materiales impresos hasta sitios digitales.

La comunicación de la marca

Una parte difícil y trascendental que debe superar la empresa constructora es cómo comunicarse con sus clientes. De esa "comunicación" depende gran parte de la experiencia que tendrán los usuarios al consumir el producto o servicio que ofrecen.

Por ello es fundamental construir, no solo mensajes coherentes y alineados a los objetivos de la empresa, sino también a la marca. Cuando una marca ha sido construida correctamente, esta incorpora una serie de atributos relacionados al concepto que se busca transmitir. Esos atributos cumplen distintas funciones, como por ejemplo, generar identidad.

Las marcas construyen una identidad para la empresa. Eso genera confianza y acercamiento. Y permite al consumidor asociar el producto o servicio que consume con sus creadores o servidores.

Cautivar

Las marcas ayudan a que la audiencia no sólo sienta satisfacción por el producto o servicio adquirido, sino que relacione esta satisfacción con la marca. Así se construye un lazo emocional con ella. Esa experiencia muchas veces va más allá del producto en sí, y se vincula también a la marca como tal.

Motivación

Una estrategia de marca bien definida ayuda que los colaboradores de la empresa tengan "claridad" al momento de tomar decisiones. Así como en su comportamiento y comunicación con el cliente.

La creación de una marca es fundamental para que una empresa consiga insertarse en el mercado pero también para mantenerse en él. Y lograr crecer sostenidamente.

Además, las marcas son activos en sí mismas, ya que pueden llegar a incrementar el valor total de una empresa. Una marca ya posicionada tiene una capacidad de influencia alta en sus consumidores y puede construir tendencias que cambien el mercado. Incluso ayudan a la aparición de productos nuevos.

Por eso es necesario crear una marca con atributos claros y definidos. Y también que toda la organización los comprendan e implanten, para que se exterioricen al cliente.

¿Cómo hacer Marketing en Construcción?

No es lo que vendes. Sino como lo vendes. En los últimos años el marketing digital se ha vuelto la norma para todos los negocios. A unos constructores les cuesta más que a otros hacer este paso de lo offline a lo online. Y aquellos que entienden que necesitan hacerlo no siempre saben por dónde empezar o qué herramientas usar para destacarse.

Las ventas son el oxígeno de las empresas. Aprender a vender debería ser una materia obligada de todos los constructores. Pero no de la clásica imagen de los vendedores "forzando" a los clientes a que les compren. Sino de "atraer" a los clientes a que nos compren.

Este capítulo está orientado en distinguir que las ventas se enfocan en las necesidades de los vendedores, mientras que el marketing se enfoca en lo que quieren los compradores. Convertirse en un marketero en lugar de un vendedor. Y más específicamente, en estos días, en marketero digital.

La principal, ventaja del marketing digital, es que todo se puede medir. Y si se puede medir, se puede controlar, para luego corregir. Además, nos permite segmentar, esto significa que podemos dirigirnos con nuestra marca al público que realmente deseamos. Las páginas, las redes y los avisos digitales nos permiten acceder a toda la información de las personas que nos visitan, lo que permite "ajustar" constantemente nuestros contenidos y estrategias. En contraste con el marketing "offline", por ejemplo, no podemos saber quién vio nuestro cartel en la vía pública o si les interesó nuestro aviso en la televisión o nuestro folleto. El marketing digital nos da información muy detallada, como por ejemplo, cuantas personas y por cuanto tiempo vieron nuestro aviso, página o video; además de la ciudad, edad, palabra que le interesó y muchísimo más.

Existen cientos de canales digitales en los que podríamos tener presencia. Los canales de distribución que yo recomiendo para empresas en el rubro de la construcción o la arquitectura son: Página web, Blog, Google (Mi Negocio), Instagram, Linkedin y YouTube.

La página web es la base de todas las estrategias online. La página web debe tener toda la información que necesita nuestro cliente, ya sea, para conocernos, para descubrirnos, para validarnos, para saber lo que ofrecemos y para contactarnos. Además, otro componente importante, que recomiendo que tenga tu página web, es un blog. Son muchas las ventajas de tener un blog.

El blog te permite dar a conocer tus ideas y conocimientos, con acceso para todo el mundo. Esto te ayuda muchísimo al branding, ya que las personas te verán como "entendido" o "experto" en los temas que escribes, ya que aprenderán de lo que leen en tu blog. Aquí quiero hacer una aclaración, cuando digo que te verán como un experto, no significa que eres la persona más sabia, o la más estudiada, o la más experimentada de un tema; pero sí sabes más que el promedio y ellos lo valorán.

Otro gran beneficio, es el posicionamiento de tu web en google. El buscador detecta la cantidad de información sobre un tema específico y muestra tu página cuando alguien busca algo relacionado.

El blog, junto con otras herramientas, tiene la particularidad de generar una tribu o comunidad. La comunidad es un grupo de personas que están alineados con tus ideas, les gustan tus trabajos, se sienten identificadas contigo o tu marca. Muchas veces terminan siendo tus clientes o te generan clientes con recomendaciones. Postear en tu blog es una forma de ir "nutriendo" de tu marca o de tus trabajos a tus posibles clientes. Debe quedar claro que esta herramienta da fruto a mediano o a largo plazo, no se debe esperar resultados inmediatos. Es parte de creación continua de tu marca.

Algo importante que hay que saber sobre un blog profesional, es que no es tarea fácil, es un sacrificio que la mayoría de las personas la realizan en sus tiempos libres. Pero al mismo tiempo estarás construyendo un camino para acercarte al éxito.

Tu web, tu oficina.

Todo el tráfico de internet tendrá como base tu página web. Es importante que ansíes adquirir conocimientos para crear tu propia web, o por lo menos alguien de tu equipo. Debes saber que hoy no necesitas conocimientos muy específicos de programación o informática. Se ha simplificado mucho la creación y gestión de páginas web.

El motivo por el cual debes llevar a cabo este trabajo es porque necesitarás cambiar y agregar contenido todo el tiempo. Tu web no puede ser la página que fue hecha hace cinco años. Para que funcione bien, no debe ser estática. Debe estar en continuo movimiento. Debe ser más como un blog, en donde se agrega información periódicamente.

Una página estática funciona como un cartel publicitario. Si se lo encuentra en la vía pública, donde transitan miles de personas, es probable que a solo una de ellas se detenga a leer porque es algo que justo necesita. Con una web dinámica, la cosa funciona diferente. Aquí se pretende que todas las personas ya lleguen a ti con intención de compra o con interés en un tema. Es muy diferente a que tú persigas a los clientes tratando de vender.

Tener un blog en tu web tiene muchos beneficios. Uno es el posicionamiento privilegiado en búsquedas de Google, ya que el sistema detecta que la página web actualiza información constantemente. Todos sabemos que es mejor aparecer en las primeras posiciones de una búsqueda. Cada artículo que subes a tu blog, va sumando palabras claves y temas relacionados a tus servicios. Cuando alguien realice una búsqueda, el algoritmo de Google ponderará y posicionará mejor a tu web.

Hoy en día, la pequeña o mediana empresa que no esté en internet, se puede decir no existe. Cuando alguien necesita tu servicio y lo busca en internet, inevitablemente te tendría que encontrar.

Contenido en tus canales

Utilizar una buena estrategia de internet, sirve tanto para promocionar profesionales autónomos como para cualquier servicio que tenga que ver con la construcción. Consiste en mostrar lo que hacemos y cómo lo hacemos. Los constructores tendrán un producto tangible para mostrar, cómo son sus obras. Diferente es el caso de los profesionales que ofrecen servicios y no tienen algo palpable que mostrar.

Probablemente, en este momento estés pensando que tienes demasiado trabajo y poco tiempo como para dedicarte a "hacer sesiones fotográficas" o "escribir notas periodísticas". Pero aquí, la clave está en documentar, en vez de crear. Con esto me refiero a registrar los trabajos habituales y utilizar ese material. En contraste a perder tiempo creando "cosas" nuevas solamente para la web.

Aplicar esta estrategia es mucho más económico en tiempo y dinero. Además, no demanda grandes esfuerzos extras al trabajo habitual. Solo hay que grabar o fotografiar lo que hacemos. De esta manera, acumularemos gran cantidad de contenido para utilizar en nuestra estrategia de marketing.

En mi caso, cuando hacemos alguna perforación de suelos, coloco mi smartphone a grabar mientras realizamos los trabajos habituales. Con ese material puedo subir el video completo en YouTube. Luego corto las partes más interesantes y las utilizo en las redes sociales donde el contenido es más corto y puntual. De un video de estos se pueden extraer varios posteos para las redes sociales. También las subo a la web. En definitiva, se logra conseguir mucho contenido sin más trabajo que colocar una cámara a filmar mientras hacemos nuestros trabajos.

Es importante entender que nuestro contenido a mostrar no es solo el producto finalizado. A los clientes les atrae, también, conocer el detrás de escena. Genera mucho interés mostrar el camino para llegar al producto terminado. Atrae saber: cómo se hace, qué cosas utilizan, cuánto demora, cuales son los desafíos que debe afrontar, etc. Esto, a largo plazo genera confianza, seguridad y empatía. Tu cliente sentirá como si te conociera. Recordemos que los motivos por los que una persona te contratará son tres: Porque te conoce, porque le gusta lo que haces y/o porque confía en ti. Por lo tanto, todo el contenido que deberías generar, tendría que ser para cubrir estos puntos.

Los clientes que lleguen a ti, serán muy valiosos. Porque llegan con una idea previa de tu negocio. Eso ayuda a reducir los mal entendidos, porque ellos ya valoran tu trabajo. No tendrás que convencerlos de nada, ya te conocen, saben lo que haces y quieren que tú lo hagas. La estrategia consiste en que los clientes vengan a usted, y o no al revés.

Esta estrategia no es agresiva, no trata de vender a la fuerza un servicio, no acosa a los clientes; sino todo lo contrario, atrae a las personas que realmente están interesados en un servicio o producto específico. Lo que genera compras o clientes "orgánicamente", de personas que te conocen y confían, porque ya les has entregado mucho valor en tus contenidos.

Se pueden crear galería de fotos en tu web, en donde exponer las imágenes de los trabajos que se realizaron. Con un porfolio mostrarás tu experiencia. Como ya dije, no solamente mostrar el trabajo terminado, también difundir el proceso. Por ejemplo en el caso de arquitectos. Un error común es mostrar únicamente los trabajos terminados, digamos "la foto final". O presentar algunos proyectos realizados de manera muy general. Ya que es muy probable que esos proyectos sean diferentes a los que quieren otras personas. En cambio, lo correcto es mostrar los detalles y procesos que se podrían aplicar a cualquier otro trabajo.

La idea es ayudar a los posibles clientes a que vean sus propios proyectos reflejados en el porfolio. Imaginar este espacio como un espejo, lo que se ve allí es lo que volverá. En la galería deberá tener trabajos de calidad (con fotografías de buena calidad). Aquí es donde nos diferenciamos, de especialidad versus generalidad.

Se deberá mostrar solo los trabajos en los que somos especialistas y los que nos interesa "vender", ya que eso es lo que atraeremos. De igual forma con los trabajos con los que no estamos totalmente conformes, mejor no exponerlos.

Debes pensar tu porfolio como la historia que tus futuros clientes van a compartir y comentar a sus familiares o amigos. ¿Es esa historia compartible?

Para el caso de profesionales que están por comenzar o no tienen trabajos de buena calidad para compartir: **Crea trabajos**.

Por ejemplo, un arquitecto que se quiera dedicar a reformas, puede realizar un trabajo en su propia casa y obtener una gran cantidad de imágenes para crear su porfolio. Además, dispondrá de mucho contenido para sus redes sociales y blog.

Para el caso de los profesionales que ofrecen servicios, como por ejemplo, de dirección de obras, de higiene y seguridad o de modelado BIM; deberá aplicar la imaginación al momento de buscar "la fotografía".

Ellos pueden mostrarse en las obras en donde aplican sus servicios. O las herramientas que utilizan para su trabajo. Aquí tiene más peso aún, el asunto de documentar todo el proceso del trabajo. *El producto eres tú.*

Si estás trabajando para una constructora y tu objetivo es más adelante dedicarte por tu cuenta, por ejemplo, a la reforma. Puedes hacerlo con las obras que ya estas realizando. En una constructora, puedes resaltar tu labor. No importa que estés trabajando para otro. Piensa que tu estás aportando tu experiencia a esa constructora en los trabajos que estás encargado. La única diferencia, es que ahora el salario te lo paga una empresa y después te lo pagará directamente el cliente.

Un consejo que te puedo dar, si decides salir a internet a buscar clientes, enfócate solamente en tus clientes ideales. Y por otro lado, enfócate en rechazar lo que no le interese.

Escribe o muestra sobre lo que hiciste bien o sobre por qué quedó encantado el cliente. Escribe sobre lo que no salió tan bien y explica por qué. No hace falta mencionar a nadie. Es parte de mostrar "el proceso" y no tanto "la foto final". Habla del plazo, de la importancia de definir el proyecto, de por qué no eres el más barato. Cuenta todo como si tuvieses a tu cliente delante de ti. Es probable que el cliente te lea y quiera escuchar precisamente lo que le estás contando.

Redes sociales

Las redes sociales son una parte muy importante del marketing digital. En ellas existen millones de personas interactuando y a las empresas te permiten llegar a potenciales clientes.

Las personas van a las redes sociales para estar en contacto con amigos, para informarse, para pasar el tiempo libre, para entretenerse, para compartir fotos, videos u opiniones. Es raro que alguien ingrese a una red social para a comprar cosas. Debemos entender cómo funcionan para utilizarlas de la mejor manera.

Por lo tanto, no hay que postear todo el tiempo avisos de venta con nuestro producto o servicio. La gente que entra a sus redes no quiere ver eso. Quieren ver otras cosas. Quieren ver algún "truco" de cómo hacer cierto trabajo. Quieren ver una linda foto. Quieren ver alguna historia. Quieren recibir algún consejo o saludo. Entonces, todo eso es lo que hay que publicar en redes sociales.

El principal objetivo es darnos a conocer. Que las personas conozcan qué hacemos, y si les interesa, nos sigan. Pero, generando relaciones, manteniendo conversaciones. Entregado información de valor, sin intentar vender algo. De esa manera, se va creando una comunidad sincera. Se crea naturalmente u orgánicamente. Son personas que realmente aprecian tu trabajo y se sienten alineados contigo. Son tu tribu. Ellos te tendrán en cuenta a la hora que necesiten una solución o te recomendarán en su círculo cercano.

Como dije antes, en las redes sociales no funciona tanto el "aviso" de venta directo. Si no más bien, primero se forman relaciones para generar confianza. Aquí funciona el principio de primero "entregar" valor para luego "recibir". Una vez más, repetimos que los resultados no son inmediatos. Tener éxito lleva esfuerzo, trabajo y tiempo.

Para nosotros las redes sociales son importantes por sí mismas, sino porque allí se encuentra la atención de las personas hoy.

Cada red es diferente y tienen sus formas de comunicar. Se podría decir de cada una tiene su personalidad, y hay que adecuarse a ella. Algunas redes son más visuales, en donde tiene mucha importancia la imagen, como Instagram o Pinterest. Son lugares grandiosos para mostrar imágenes con ideas novedosas. Algunas redes tienen impronta formal como Linkedin, en donde funcionan bien documentos o textos informativos. Otras son más casuales, como Facebook. TikTok es una de las más relajadas y humorísticas. Es sabido que YouTube es la red por excelencia de los videos y allí hay de todo.

Es importante saber que, todas las redes dan mucha importancia a los posteos en formato de video. Esto significa, que cuando publiques un video en tus redes, tendrás más alcance que en otros formatos.

Aquí no profundizaremos en los detalles de cada red social. Pero, sí dejaremos en claro cuáles son las acciones que sabemos que funcionan para atraer clientes.

El uso de hashtag (etiquetas) es uno de los puntos a tener en cuenta. Son palabras o frases que agrupan a posteos sobre un tema en común. Utilizar hashtag con las palabras que representan nuestros servicios. Deberían utilizarse no solo con palabras generales de cada rubro, sino que también con ubicaciones geográficas de nuestras áreas de trabajo. Utilizando hashtag con la ciudad o barrio en los que edificas, las personas lo descubrirán fácilmente.

Otra forma de darte a conocer en las redes es haciendo comentarios en posteos de otras constructoras o posibles clientes, en donde tú podrías "ofrecer algo útil". Pero recuerda, siempre dando "valor" en los comentarios. No esperes que dé frutos rápidamente, se debe hacer constantemente y en cantidad.

Un punto a tener en cuenta en las plataformas sociales es mantener un perfil cuidado y profesional. Mantenerse "serios", en el sentido de no publicar una foto inapropiada o un comentario político u opinión polémica, que pueda generar rechazo a las personas. No creo que sea bueno mezclar perfiles con fotos íntimas que solo le puedan interesar a un grupo cercano.

No digo que no se pueda publicar fotos que no tengan que ver con el negocio, de hecho, puede traer buen engagment (conexión), hace sentir más cercano, más personal. Recuerde que usaremos las redes para vender. Debemos ver a través de los lentes de un potencial cliente.

Una buena idea para definir algunos de los temas para abordar en tus redes y web, sería responder a algunas de las preguntas que se harían estas personas cuando piensen usar los servicios de tu empresa constructora. Ponte en el zapato de tus futuros clientes y piensa qué cosas te gustaría saber sobre tu contratista. O responde a las preguntas que ya te hicieron clientes anteriores. Las consultas son generalmente siempre las mismas.

Lista de correos

Aprendí que una de las cosas más importantes que tiene una empresa son los clientes existentes o antiguos. Se dice que en una empresa, el 60 por ciento de sus clientes deberían ser clientes recurrentes o recomendados de esos clientes. Eso sería una empresa saludable y sostenible.

Entonces sería: *quiere a los que ya te quieren.* Eso significa estar presente en la mente de los clientes que ya fueron nuestros clientes. Si lo pensamos de cierta forma, ellos ya nos pagaron por un trabajo y hay una alta probabilidad que lo vuelvan a hacer. No mantener contacto con ellos es prácticamente enviarlos con la competencia.

Con un simple e-mail de vez en cuando podemos lograr ese contacto y estar siempre presente. Una de las herramientas más importantes para mantenernos en contacto con el cliente es la lista de correos electrónicos, también llamados boletín o newsletter.

Tener una lista de correo electrónico de nuestros clientes y mantenerla activa puede ser una herramienta para reforzar los lazos. Pero hay que hacerlo de la manera correcta. Hay que hacerlo periódicamente. No podemos hacerlo una vez al año. Puede ser una vez por semana, cada dos semanas o una vez por mes, pero hay hacerlo y ser consistente.

Si tu boletín no tiene información valiosa y lo envías solo porque crees que es el momento indicado para hacerlo, mejor olvídalo o postérgalo. El contenido es crucial para el email marketing de las empresas de construcción.

Mi negocio

Como dijimos anteriormente, si no apareces en la primera página de Google cuando alguien busca tu servicio en tu zona, prácticamente no existes. Hacer que aparezcas en esas búsquedas es toda una especialización y se llama SEO.

SEO (Search Engine Optimization), en pocas palabras y sin usar demasiados tecnicismos, es la posición que ocupa el sitio web de tu empresa cuando alguien realiza una búsqueda relacionada con tus operaciones comerciales.

La verdad que es difícil conseguir una buena posición en el buscador y seguramente necesitarás de ayuda profesional. Pero existen algunas herramientas simples que debes conocer para que tus clientes potenciales te encuentren.

Google *Mi Negocio* (o My Business) es una aplicación gratuita que te permite ubicarte en las primeras posiciones del buscador si realizas determinadas acciones. Con esta aplicación puedes aparecer en las búsquedas dentro de mapas (Google Maps). O sea, que si alguien de tu ciudad realiza una búsqueda sobre tu servicio, el resultado le mostrará la ubicación de tus oficinas en el mapa.

La aplicación también te permite crear una página web gratis y de forma súper sencilla. Además, se permite acceder al sitio sin problemas desde teléfonos móviles.

Mi Negocio también funciona como una red social, permite hacer posteos, subir fotos y videos. También puedes publicar tus servicios con el precio de cada uno o dar la posibilidad a los clientes que te soliciten presupuestos.

Otra función, que genera mucha confianza con los que no te conocen, son las reseñas y opiniones. Las personas que ya te conocieron tienen la posibilidad de valorar tus servicios haciendo un comentario que puede ver todo el mundo y valorando con "estrellas" de 1 a 5.

Entonces, cuando alguien encuentra tu perfil en el buscador, lo primero que ve es el promedio de "estrellas" con que te valoraron tus clientes anteriores. Además, cuanto más y mejores valoraciones obtengas, Google te "mostrará" en las mejores posiciones. Una buena práctica que puedes hacer, una vez que terminaste un trabajo, es enviarle un link a tu cliente para que te valore o escriba un comentario. De esta forma, los clientes no pierden más de un minuto, pero a tu negocio le ayuda mucho.

La aplicación también permite mostrar los horarios de atención, ofertas, eventos, medidas relacionadas al Covid-19, etc. Por todo esto recomiendo utilizar *Mi Negocio*, principalmente para ser encontrado en el buscador más utilizado de internet.

Avisos

Hasta aquí hemos desarrollado estrategias de marketing "orgánicas", o sea, que no son de pago. Básicamente dar contenido de valor en plataformas gratuitas y que llegue a los clientes de forma orgánica.

En casi todas las plataformas, redes sociales y buscadores puedes llegar a más personas a través de avisos pagos.

Verás también, que la aplicación *Mi Negocio* también es necesaria para acceder a: **Google Ads**. Que es la plataforma que permite hacer publicidad en el buscador. Si prestas atención notarás que los primeros 3 y los últimos 3 resultados de una búsqueda en Google, son anuncios pagados.

Si queremos invertir y apalancar nuestra constructora, una buena opción, es utilizar los avisos de Google. Permite mostrarnos exactamente a las personas que buscan lo que nosotros ofrecemos. Es muy poderoso si sabemos utilizarlo correctamente.

Este método publicitario es una de las mejores opciones de marketing para tu constructora. Principalmente, porque puedes ver cómo y en qué has invertido tu dinero. Esta estrategia te permite realizar un seguimiento de qué anuncios son más rentables y cuáles de ellos te brindan la mayor cantidad de clientes potenciales

La forma adecuada de llevar control del uso de los avisos es por medio del concepto de C.A.C.: Costo de Adquisición de Clientes. O sea ¿cuánto cuesta generar nuevos clientes? (y retenerlos). Mientras que seamos conscientes de todos los costos que nos implican el marketing y los procesos de ventas, podemos invertir a conciencia. El CAC debe ser menor a las ganancias del producto o servicio. Y podremos decidir el nivel de reinversión para poder crecer el negocio mes a mes.

Se pueden obtener buenos resultados combinando la "estrategia de contenidos" y las campañas de avisos. Por un lado vamos "nutriendo" clientes a largo plazo, los hacemos parte de nuestra "comunidad". Y por el otro lado "captamos" a los clientes que necesitan nuestros servicios "ahora", a corto plazo. De esta forma, obtenemos los ingresos inmediatos necesarios para subsistir y además, sembramos los ingresos para el futuro, que son necesarios para una organización saludable.

Marketing Digital

Como dije anteriormente, el modelo D.A.T.O.S. para potenciar a los constructores dinámicos se basa en tres ejes. Apuntar a la Digitalización, mantenerse Alineado a las Tendencias y gestionar una Organización Saludable. Si bien llevar adelante la implementación de los tres ejes es la clave para una transformación exitosa, creo que la Digitalización es imprescindible. Y en particular la presencia en internet. Es el primer paso que tiene que concretar el emprendedor que busca crecer en la industria de la construcción. Hoy mismo deberías comenzar a crear tus redes sociales. Armar un plan para lograr constancia, para alimentar de contenido de valor a tu comunidad. Eso es esencial. No solo si buscas una transformación para escalar la empresa, sino también para subsistir en la era digital.

Cómo superar tiempos de Crisis?

El modelo **D.A.T.O.S.** propone como uno de los pilares de una constructora: la **Organización Saludable (O.S.)**. Representa la forma de gestionar la empresa. Es decir, cuáles son las buenas prácticas que debe aplicar su director para conducirla por un camino de estabilidad y crecimiento controlado.

"**Saludable**" se refiere a la búsqueda de lo mejor a largo plazo tanto para el dueño del negocio, como para los empleados y los clientes.

En igual magnitud. Si logramos esto, tenemos el éxito del negocio prácticamente asegurado.

Existen formas de gestionar y estrategias a largo plazo que permiten mantener estabilidad en las constructoras durante tiempos difíciles.

La coyuntura en estos días se ve afectada por la crisis provocada por la pandemia. Algunos sectores se ven más perjudicados que otros. El rubro de la construcción fue uno de los afectados y con dificultades.

La lección aprendida fue que de ahora en adelante, las constructoras, arquitectos, ingenieros y todos los que brinden servicios vinculados al rubro, deberán adoptar medidas que le permitan recorrer airosos los tiempos de crisis.

Estrategia en tiempos de crisis

En general el mercado de la construcción es impredecible, se ve afectado por muchísimas variables de tal forma, que se hace muy difícil poder predecir a más de unos pocos años. Existe una estrategia para las empresas vinculadas al rubro de la construcción que les permite subsistir.

Si una constructora no está segura que va haber un crecimiento sostenido del mercado que le permita crecer, necesita controlar el riesgo.

Esto se consigue manteniendo sus gastos en correlación con el crecimiento, para poder removerlos en caso de que el mercado comience a bajar. Y se logra con una política de **gastos flexibles**.

Manteniendo algunos de los gastos flexibles, una empresa no llega a ser esclava del volumen de trabajo que necesita. Inclusive puede bajar su cantidad de trabajo y todavía tener rentabilidad.

El método estipula utilizar temporalmente recursos. Como contratar temporalmente los servicios de empleados para algunas funciones administrativas. También, por ejemplo, ejercer a corto plazo, el alquiler de equipamientos de oficina o en la obra. O sea, adquirir los *recursos a demanda*.

Se trata de no realizar grandes inversiones puntuales. Si no, más bien, de utilizar las posibilidades de leasing (alquiler con opción de compra) o alquiler durante las etapas de crecimiento, hasta llegar a una nueva meseta de volumen de trabajo que sea razonablemente segura.

Claro, que usando costos flexibles se pueden tener gastos mayores alquilando un equipo que comprándolo, o tener un empleado temporal puede ser más costoso, o la eficiencia puede ser menor. Pero permite reducir y controlar el riesgo, a expensas de un costo aceptable.

Esta filosofía puede implicar temporalmente, trabajar en lugares modestos, más apretados, menos confortables. Pero los dueños que la aplican duermen más tranquilos por las noches.

Fijar costos permanentes en mercados erráticos es simplemente peligroso. Los constructores que comienzan a aplicar la estrategia de costos flexibles, se asombran de la lentitud con la que llegan a un nuevo costo permanente, en comparación en como lo hacían antes; creyendo que era seguro.

Los que comienzan con una porción de sus costos flexibles, lo mantienen en todo momento como cobertura contra una caída del mercado y esa porción parece crecer a medida que se dan cuenta de lo fácil y económico que es. El gasto extra por mantener esta filosofía no es diferente a una prima de un seguro. Las empresas que adoptan costos flexibles gestionan la rentabilidad, no la cantidad de trabajo.

Siempre habrá picos y valles en el mercado de la construcción, y cuando las cosas están mal, los constructores aguantan todo lo que pueden y lo hacen de la mejor forma posible. Los costos flexibles les permiten a las constructoras bajar la cantidad de trabajo en 25%, pero también aumentar la capacidad de crecer 25%, sin entrar en zonas de riesgo.

Una empresa especialista en costos flexibles puede aumentar o reducir recursos temporalmente, más rápido y económicamente de lo que una constructora promedio puede asegurar sus recursos permanentes.

Sé que es algo diferente a lo que se hace normalmente, pero tiene mucho sentido como estrategia de largo plazo. Creo firmemente que un Constructor Dinámico debería adoptar una estrategia de costos flexibles.

Los márgenes de ganancia limitados actuales, requieren crecer con prudencia, probar a medida que se avanza y estar preparado para retroceder de las malas decisiones.

Si suponemos que nos encontramos con cualquiera de los dos "escenarios pesimistas" probables. Uno puede ser el *mercado de ajuste* en donde hay mayor competencia por la misma cantidad de trabajo. Y el otro, el *mercado de reducción* en donde existe menos cantidad de trabajo disponible.

El constructor tendría que tener un precio más competitivo (ajustado) y, al mismo tiempo, se tendría que concentrar en obtener más ganancias con menos trabajo. Algo imposible de lograr sin una estructura de costos flexibles.

Un buen Constructor Dinámico podría tenera algún **costo flexible** integrado en la organización, que podría ser cortado inmediatamente. Y además, no dudaría de eliminar un **costo permanente** cuando sea necesario.

Deberías esforzarse por planear cuidadosamente tu crecimiento. Estar preparado para bajar si el mercado se ajusta o se contrae. Deberías tener un margen flexible. Y nunca tomar un trabajo por el simple hecho de mantener el volumen de trabajo.

Un constructor dinámico está dispuesto a achicarse para sobrevivir si fuera necesario. El ciclo de baja pasará y estarás preparado para el alza, pero solamente si lograste mantenerte ileso.

Circulo vicioso

El gran porcentaje de quiebras en este rubro se da, en parte, porque las empresas empujan de lleno al crecimiento (mientras los mercados están débiles), con precios desesperadamente bajos. Intentando conseguir más trabajos, contra la competencia que actúa de igual manera. Un círculo vicioso que te "mata" por querer "crecer".

103

Debemos pensar en términos de "Gastos Flexibles" para hacer frente a la realidad de un mercado cíclico y evitar la necesidad desesperada de ventas. Debemos aprender a ser flexible en alquileres de equipos con los que se puede retroceder cuando el trabajo se frena. A contratar personal temporario, de oficina y de administración, que se puede despedir a corto plazo.

Incluso si este tipo de gestión pareciera muy costosa, esa diferencia de costos extras, es el precio que "paga" poder tener flexibilidad, y es un seguro de supervivencia.

Cobranzas

Ser un "mal cobrador" es la debilidad más cara de cualquier empresario; en la industria de la construcción es aún más grave. En general las legislaciones de obra pública prevén un lapso muy largo para el pago de los presupuestos y estimaciones desde la fecha de recepción. Esa demora en el pago, aun recibiendo intereses posteriormente, obliga a las empresas a pedir préstamos o tomar medidas desesperadas que ocasionan pérdida de dinero.

Esta situación es común en constructoras que trabajan en obra pública y es la que lleva a estar en constantes problemas financieros. Es probable que ahora no operes una gran empresa con contratos públicos. Pero es necesario estar conscientes de estos desfasajes ya que también se presentan en el sector privado y en las pequeñas obras.

La suma de algunos cobros desfasados podría causar inconveniente por un largo tiempo en tu empresa. Dependiendo del tamaño de las obras o de la empresa es conveniente tener personal con gran dedicación de tiempo a generar estimaciones, a hacer cobranza, a pedir revisiones, etc.

Imprevistos

Los imprevistos no se pueden evitar, por eso se llaman así. Pero sí se puede asumir que podrían surgir eventualmente. Es necesario poder protegerse de ellos. En obras se puede considerar un rango de entre el 2 y 5 % para cubrirlos en caso de que los hubiera. Si el cliente no acepta "gastos indirectos", habrá que incluirlo en "utilidad". Puedes hacerlos explícitos o no, pero jamás debes olvidar incluirlos.

Crisis por la pandemia

En esta última crisis mundial por la pandemia, se pudo ver claramente cuáles fueron las compañías que supieron mantenerse "livianas" para sobrellevar la baja en la operación. Además, aprovecharon para acelerar los procesos de transformación digital con la utilización de telellamadas o telereuniones. También, el uso del tiempo para realizar capacitaciones, que son siempre postergadas por diferentes motivos.

Una buena práctica que usaron a su favor fue aumentar "la presencia" en gran volumen en las redes sociales. En tiempo de cuarentena las audiencias en internet aumentaron drásticamente. Captar la atención de ese público durante ese tiempo les permitió estar presente en la mente de los clientes y comenzar a realizar trabajos apenas se normalizaron las actividades. A diferencia de otras empresas que continuaron con dificultades incluso luego del levantamiento de la cuarentena.

Superar una crisis

Se dice que para superar una crisis se debe trabajar el triple para lograr el 75 % de los resultados que se lograrían en tiempos normales. Esto lo tienes que tener claro. No solo los directores de las empresas, sino también se debe dejar explícito a los colaboradores. Teniendo presente esto, se trabaja de otra manera. Además, se pierde esa sensación de estar por detrás de la crisis tratando de reaccionar "a los golpes". En cambio, sentirán que avanzan "a la par" de las dificultades de manera activa o anticipada.

Esa forma de pensar ayuda mucho a superar el trance. A veces provoca un pivotamiento importante en el negocio. Pudiendo cambiar la forma de trabajar o agregando unidades de negocios diferentes, que pasada la crisis pueden pasar a ser parte principal de la nueva realidad de la empresa.

En tu constructora deberás estar muy sereno en épocas de crecimiento. Porque allí es donde asientan las bases para afrontar una crisis. Desarrollar un crecimiento flexible es lo que permitirá superar los tiempos difíciles.

¿Cómo gestionar una Constructora?

En los primeros capítulos nos enfocamos en los aspectos comerciales, como el marketing, la marca y las ventas. Pero existe la otra parte del negocio que es la operación y la gestión. En el capítulo anterior comenzamos a desarrollar temas de gestión. Y ahora profundizaremos en los aspectos de la operación de las empresas constructoras.

La operación es el trabajo en sí. Es todo lo que hacemos internamente en la organización para entregar el servicio o producto que ofrecemos.

Te cuento una pequeña historia. Un constructor se encuentra en el inicio su carrera con mucho ímpetu y gracias a su energía ha logrado grandes resultados y cierto crecimiento. En ese recorrido se ha encontrado con muchos problemas vinculados a la gestión interna de su empresa, pero sus ganas de crecer ayudaron a sobrepasar esos problemas. Pero luego de un tiempo, se ha estancado y agotado de tener reiteradas veces los mismos problemas con su gente. Esto lo ha llevado hasta el punto de decidir abandonar sus deseos de crecimiento. Y ha decidido mantenerse "pequeño, pero bajo control".

Este relato lo he visto en muchos constructores. Algunas de estas historias perduran un par de años y otras hasta décadas. Además, algunos llegan a un final más drástico, tanto que deciden cambiar completamente de rubro comercial.

Muchas constructoras cierran o no logran crecer por problemas de relación entre dueñosempleados, o entre empleados-empleados, o entre socios. El factor humano y la gestión en este rubro son muy significativos.

Por eso, es necesario que desarrollemos capacidades y habilidades sobre la gestión de las organizaciones.

Organización Saludable

Nada se puede lograr en la construcción sin el gran esfuerzo de un líder y su equipo. Las cualidades necesarias para tener éxito son la comunicación, la confianza, la colaboración y la constancia. Aquí es donde entra de lleno el otro pilar del método D.A.T.**O.S.** El desarrollo de la **O**rganización **S**aludable.

Un negocio con objetivos a largo plazo debe crecer con "cimientos fuertes". Me refiero principalmente al capital humano. A las relaciones de las personas con su trabajo. A la cultura interna de la empresa. A la estructura organizacional. A la formación profesional. Al manejo de personal. A la gestión de sociedades. Todo ese conjunto relacionado a las personas, es el primer problema que encuentran los negocios de la construcción a la hora de crecer.

Es importante entender que la organización debe estar internamente "saludable", para poder tener un progreso sostenible a largo plazo. Las personas son el factor clave, que impulsa o destruye una organización.

La gestión del personal es el punto que más le cuesta desarrollar a los emprendedores de la construcción. Lo sé por experiencia propia y creo que es la habilidad más difícil de llevar a delante. Y a la vez, la más importante.

Esto no significa que no se pueda aprender a desarrollar. Como líderes, será necesario aprender las herramientas y conocimientos que nos permita conducir al grupo de la mejor manera.

También será inevitable desaprender muchas de las formas de la gestión de personal, que provienen de la "vieja escuela" de los constructores.

Con el tiempo, las personas cambian, las generaciones cambian, la forma de pensar cambia y la relación con el trabajo también cambia. Por lo tanto, debe ser distinta la forma de gestionar el personal. Muchas de las prácticas tradicionales que tienen las empresas, hoy ya no son "saludables" al largo plazo.

Así como anteriormente dije que la relación con el cliente es crucial en tu negocio. También debes saber que la relación con los empleados es de fundamental importancia.

En la escala de prioridades de una empresa "clásica", primero se encuentra el dueño, luego está el cliente y por último el empleado. Ahora, en una organización saludable, la prioridad debería ser diferente: Primero tu empleado, luego el cliente y por último tú.

Aquí radica la importancia de adquirir las habilidades para captar personal y desarrollar una buena gestión.

Captación de personal

Como vimos anteriormente, una empresa constructora necesita tener la capacidad de crecer y decrecer con flexibilidad, el proceso de reclutamiento de personal apropiado es un elemento fundamental para el éxito.

Es normal que pequeñas constructoras no cuenten con personal profesional especializado en selección y reclutamiento. Entonces, es necesario que el propio director, o alguien con esa responsabilidad, desarrollen cierta habilidad y se ocupe personalmente de esta función.

Los constructores, generalmente no somos psicólogos ni expertos en recursos humanos, por lo que habrá que estudiar y practicar técnicas de reclutamiento. Adoptando algunas prácticas adecuadas, las probabilidades de equivocarse se verán reducidas considerablemente.

Por otro lado, de la misma manera que se lleva a cabo la incorporación de nuevo personal de obra, se debe saber aplicar técnicas para identificar a quién será necesario desincorporar.

Por ejemplo, no hay que caer en el error de desincorporar a los que ya finalizaron su obra y son excelentes personas y profesionales. Sino a aquellos malos empleados, cuya obra en donde están trabajando se encuentra en plena ejecución, aun sabiendo que un reemplazo llevará tiempo sobreponerse.

Mano de obra calificada

En el rubro de la construcción los contratos de obra son limitados, lo que crea la necesidad de mano de obra intensa durante periodos cortos, es decir, el personal obrero no es permanente. Históricamente, la mayor parte del personal viene del campo, de zonas marginadas y de estratos educativos bajos.

La escasa formación del personal en comparación con otras industrias, provoca escasez de trabajadores calificados. Además, como la mayoría de las empresas constructoras contratan al personal para una obra determinada, se pone en segundo término o se le da poca importancia a la capacitación del personal.

Se piensa que una vez concluida la obra el personal dejará de trabajar para la empresa y que los frutos de esta capacitación los cosechará alguien más, quizá la competencia. Esto crea un círculo vicioso. Se pierden las ventajas competitivas que proporcionan la capacitación y la formación. Se torna insalvable el problema de escasez de trabajadores calificados.

Desde otro punto de vista, habría que preguntarse por qué los trabajadores calificados querrían trabajar en una constructora, si esta no fuese atractiva en términos económicos. Diferente sería si percibe que una empresa le brindará salarios competitivos, desarrollo y capacitación. Eiste una gran diferencia entre "querer" trabajar para una empresa o "tener que" trabajar por pura necesidad.

Es complicado conseguir personal calificado para la realización de ciertos trabajos. Pero más complicado aún es encontrar las personas adecuadas para los puestos de liderazgo. Ya que requiere invertir mucho tiempo de formación y acompañamiento para consolidarlo. Pero quiero que sepas que vale la pena, ya que es mucho mayor el beneficio que genera, comparado con el simple salario de un empleado. Más adelante profundizaré en la necesidad de tener líderes.

Empresas verdes azulado

Soy consciente que muchos de estos conceptos son difíciles de aceptar para los dueños de constructoras, que se mueven en ambientes en donde no abundan los cambios ni las innovaciones. Pero los que son capaces de entenderlos y aplicarlos, son los que logran subir a otro nivel.

Siento que los temas que desarrollaré a partir de aquí, serán los más difíciles de absorber para a las "constructores clásicos" o para las empresas con largo recorrido. Asimismo, creo de vital importancia que los implanten. En cuanto a los emprendedores que están comenzando, definitivamente deberían seguir estos pasos desde el inicio.

Existe una nueva manera de gestionar organizaciones, se llaman empresas TEAL (verde azulado en español).

Dichas empresas se identifican por ser son totalmente transparentes para sus empleados. La información financiera está disponible para todos. Se publican salarios y ránkings de productividad de los equipos.

A diferencia de las clásicas organizaciones, la información está al alcance de todos y ya no es un elemento de poder, sino una herramienta de motivación.

Hay que tener presente que las metas a largo plazo son susceptibles a ajustes continuos, para adaptarse al entorno cambiante. El cambio no se gestiona, sucede naturalmente.

Se caracterizan por confiar en la abundancia y sus fortalezas, frente al miedo y las debilidades.

En estas organizaciones, se da un paso más allá al empoderamiento, apostando directamente por equipos autogestionados. Se basan en relaciones entre iguales, reduciendo e incluso eliminando la necesidad de una jerarquía formal. La pirámide de jerarquías deja lugar a la red de equipos autogestionados.

Si bien, estas organizaciones, no son muy comunes de ver; en el sector de Tecnología de la Información (I.T.) se aplican en su gran mayoría.

Debido a sus beneficios, otras empresas de sectores tradicionales, están comenzando a emplear estas metodologías con muy buenos resultados.

Como dije anteriormente, no pretendo que empresas con muchos años funcionando, se conviertan a TEAL de un momento a otro. Pero si creo que es provechoso conocer sus modos de gestión, para viajar de a poco a una cultura interna saludable. Entender este tipo de organización, también es parte de Alinearse con las Tendencias (D.A.T.O.S.).

Lubricar la organización.

Un ejemplo de una empresa TEAL, que en el rubro de la construcción la conoce todo el mundo, es WD-40, la marca del lubricante más famoso del mudo.

Me encanta traer este ejemplo, porque metafóricamente se alinea con la idea de este capítulo, ya que sirve para sacar el óxido y destrabar piezas antiguas.

La empresa factura 1.2 billones de dólares, pero tiene solo 500 empleados. Se basa en subcontratar o contratar eternamente las fabricaciones, distribuidores y vendedores regionales. Ellos se especializan en un elevado control de calidad. Y de mantener un alto grado de visibilidad de su marca.

La red de distribución incluye ferreterías, tiendas de automóviles, supermercados, tiendas de artículos deportivos, farmacias, tiendas de suministros de fontanería, tiendas de bicicletas y muchos más. Esto permite que, la pequeña pero poderosa tribu, alcance un mercado objetivo muy grande.

La forma de gestionar esa organización se caracteriza mucho por la manera de gestionar a sus empleados.

Ellos saben del hecho de que el 65 % de las personas empleadas que van a trabajar todos los días, están "desconectadas". Lo que significa que no están disfrutando lo que hacen. Su CEO, Garry Ridge, el creador de la cultura actual de la empresa. Se basa en una frase de Aristóteles (del año 394 d.c.) que dice: "El placer en el empleo hace la perfección en el trabajo".

Él cree que si cuida a su gente, su gente cuidará a sus clientes y sus clientes, al final, cuidarán a sus accionistas. Esa cultura interna para ellos es extremadamente importante.

Otro detalle que me gusta de esta empresa, y que además refleja el valor de la perseverancia, es la historia de su nombre.

Resulta que, con el objetivo de entregar un producto a la NASA, que sirva para desplazar el agua (Water Displacement, o sea, **WD**), se enfocaron en desarrollar la fórmula. El dueño de esa época (Larsen) y su equipo tuvieron que realizar **40** intentos antes de obtener la mundialmente famosa fórmula. Y de ahí deriva el nombre de producto WD-**40**.

Entonces, retomándo el tema, este tipo de empresa modifica la organización clásica de jerarquía piramidal, para dar lugar a estructuras celulares. En donde los integrantes de los equipos tienen autonomía y responsabilidad de sus resultados.

Cambios en las jerarquías

Emprendedores en el ambiente de la construcción, necesitan entender este tipo de organización. Generalmente, ellos son los únicos que toman decisiones, todo el personal debe consultar cada situación y no se avanza sin consentimiento. Eso puede tener sentido en los primeros momentos de un pequeño negocio. Pero a medida que aumenta el volumen de trabajo, esa costumbre se convierte en el motivo que dificulta el crecimiento del negocio.

La mayoría de los dueños del negocio, creen que si ellos mismos no están sobre cada situación que surge, las cosas no salen bien. Según mi punto de vista, no solo creo que es erróneo, sino que es lo contrario.

En mi experiencia, al cambiar de sistema, descubrí doble beneficio. Por un lado, la ventaja de liberar mi tiempo, ya que no tengo que acudir a dar solución a cada detalle que surge. Eso me permite, como director del negocio, enfocarme en desarrollar nuevas oportunidades de negocio, a crear mejoras y en acompañamiento a los líderes de las unidades de negocio.

Por otro lado, los empleados se encuentran en un nivel de motivación que de otra manera nunca ocurriría. No esperan que alguien les diga que hacer y se hacen cargo de sus actos. Y lo mejor de todo, fué que los resultados son mejores de los que yo hubiera logrado como líder de cada unidad de negocio.

La estructura de los negocios se debe organizar en pequeños equipos. Una buena manera es dividiendo el negocio en unidades de negocios. En donde cada unidad tiene sus propios gastos, ingresos y ganancias. Por lo tanto, se puede medir con indicadores cada aspecto clave de esa unidad. Y es muy importante, ya que no se puede controlar algo que no se puede medir. Evaluar es una pieza sustancial para que este sistema funcione bien.

Un KPI (en inglés, key performance indicator), conocido también como medidor de desempeño o indicador clave de rendimiento, es una medida del nivel del rendimiento de un proceso.

Cada emprendedor debe decidir cuáles son los indicadores que tienen importancia en su unidad de negocio y medirlos continuamente. Algunos ejemplos pueden ser: cantidad de propuestas, rentabilidad media de las ventas, índice de fidelización, nivel de facturación, etc. No se puede controlar lo que no se mide. Y un punto débil que se repite en muchos constructores es la falta de medición y control de los números del negocio.

En el esquema tradicional en donde la empresa se divide en áreas según las tareas como: ventas, operaciones, marketing, compras, cobranza, etc., queda atrás con esta propuesta. Con el sistema de red de equipos, cada unidad de negocio incluye todo el proceso de compras, ventas, operación, marketing, etc. El negocio queda formado por varios equipos, dependiendo de los servicios o productos que comercialicen. Un equipo por unidad de negocio.

Este sistema está enfocado al crecimiento. Funciona cuando el emprendedor desea ir agregando productos y servicios a su mercado. Una vez que tiene consolidado su unidad de negocio inicial, le permite "desprenderse", para enfocarse adicionar una nueva unidad. La suma de varias unidades es lo que hace crecer al sistema. La idea es formar una cadena o sucesión de unidades autónomas que se impulsen entre ellas bajo una misma marca.

El sistema marcha adecuadamente ya que un líder o manager queda a cargo de toda la unidad, y se responsabiliza por lograr los objetivos propuestos.

Líderes

Un líder es una persona que maneja las funciones claves del negocio. Tiene responsabilidades por los resultados del sistema que tiene a cargo. Ese sistema puede ser una unidad de negocio completa, puede ser un equipo de personas y maquinarias, también puede ser un servicio específico a clientes, etc. Está comprometido con su función y es de suma confianza.

A diferencia de otros puestos de trabajo, el puesto de líder no se puede cubrir con cualquier persona. El líder no que se encuentra con una simple búsqueda de un aviso de trabajo. Lleva tiempo lograr "formar" un líder. Primero se debe detectar a las personas que tienen potencial de liderazgo. Luego comienza el camino de formación y aprendizaje.

Es crucial, que el líder entienda que finalmente es responsable del éxito de su área funcional y aceptar la responsabilidad personalmente como un "director" en la organización.

Sabemos que la manera para que estos líderes funcionen con proactividad es a través de un sistema de remuneración variable. Se lleva adelante efectuando como pago de su sueldo un porcentaje de las ganancias que genera la unidad de negocio. De esa forma el líder se alinea con los objetivos del dueño, ya que todos buscan generar más ganancias.

Con este sistema se puede dar la situación de que el empleado a cargo de la unidad logre un sueldo muy elevado. Pero eso significa que el dueño, también tendrá un ingreso elevado. Este punto es difícil de aceptar para constructores acostumbrados a un sistema "clásico" en donde a un empleado no se le paga grandes sueldos. Pero créeme que el pago variable por objetivos, es la clave para retener a los verdaderos líderes.

A diferencia de empleados que cobran por su tiempo de trabajo. A los líderes no se los mide por el tiempo, sino por objetivos cumplidos. Eso los mantiene mucho más motivados, ya que se sienten conformes con sus sueldos y con la libertad en su trabajo.

Aquí me estoy dirigiendo a microempresas. A dueños de pequeños emprendimientos que están comenzando o a pequeñas empresas que ya tienen un recorrido, y buscan crecer al siguiente nivel. No me dirijo a las grandes empresas constructoras clásicas. De hecho, muchas de las tácticas o claves del libro son para aprovechar las ventajas, de agilidad y adaptación al cambio, que tienen los pequeños constructores.

El límite geográfico es una de las barreras más grandes para la expansión de los constructores. Está claro que no se puede estar en dos lugares a la vez. Y el mercado al que podemos brindar nuestros servicios se reduce a nuestra localidad. Pero existe un modelo de crecimiento que permite cruzar esa ardua barrera.

Socios Regionales

En capítulos anteriores hablé de la importancia de hacer crecer una marca. Otro motivo por el cual sirve tener una marca fuerte, es para crecer a otras geografías. Al querer ingresar a nuevos mercados, es mejor tener cierta reputación en otros lugares. Toda la presencia digital nos sirve para mostrar nuestras obras o los servicios a otros clientes.

Pero ese respaldo no es suficiente. Necesitamos presencia física en las nuevas localidades. Existen muchas acciones que necesitan de la presencia de una persona. La manera "clásica" de hacerlo es instalando una nueva oficina en esa ciudad. Eso implica una gran inversión. Esa posibilidad se torna muy ardua para los pequeños emprendedores de la construcción, por lo dificultad de conseguir el capital y lo arriesgado de comenzar de cero en una nueva localidad.

La alternativa que mejor se adapta para pequeños negocios sin capital para invertir, es la de asociarse con vendedores locales. Con personas que viven en esa ciudad, que conocen a la gente y pueden dar respuesta inmediata a cualquier cliente. Pueden cerrar ventas que de otra forma no se podría hacer a la distancia. Entonces, el desafío es conseguir una persona que viva en la nueva región en la cual queremos ofrecer nuestros servicios.

La modalidad se basa en asociarse con una persona que sea representante de nuestra marca en una región puntual. Ese socio sería encargado de conseguir los clientes y trabajos en su zona. Se le da exclusividad y autoridad para desplegar a su criterio las fuerzas de venta.

Así como al líder de una unidad de negocio se lo evalúa por las **ganancias** (y cobra un porcentaje de ellas). Al socio regional se lo evaluará y cobrará un porcentaje sobre las **ventas** que realice en su zona.

Nuevamente, aparece el método de pago por resultados. El socio regional se ve motivado a cumplir con sus objetivos, que a la vez, se encuentran alineados a los de la empresa.

De esta forma, no es necesaria una gran inversión para poder comenzar a ofrecer servicios en nuevas regiones. El socio se hace cargo de los gastos que considere necesarios para desarrollar las ventas en su territorio. El socio tendría una licencia de nuestra marca, como si fuera una franquicia, pero con libertad de acción en términos de estrategias de ventas.

Conseguir un socio regional no se logra de un día para otro, pero uno nunca sabe el nivel de ventas al que puede llegar a alcanzar una de estas nuevas "oficinas".

De un barco a una flota

Seguramente no tengas ni idea de quien es Rene van Loon, pero ahora te contaré su historia real, que refleja el ánimo de este capítulo.

Rene es un emprendedor de Países Bajos, en 1981 formó Van Loon Elektro, una pequeña empresa de servicios de mantenimiento eléctrico.

Durante 20 años gestionó su empresa de manera tradicional sin grandes altibajos y consiguió crear un negocio próspero. Pero luego de un tiempo perdió la conexión con sus empleados y se estancó.

Quiso seguir creciendo, pero sentía como si estuviera azotando a un caballo muerto. Al principio, se convenció de que podía hacerlo cambiando los empleados, pero a lo largo del camino resultó que no podía de esa forma.

Eso le consumió toda su energía y finalmente llega a un agotamiento. Comienzó a hacerse muchas preguntas como: ¿Qué puedo hacer de manera diferente? ¿Cómo influye su papel en esa situación?

Responder a las preguntas anteriores lo obligó a considerar hacer cambios en la organización.

Pronto Rene se dió cuenta de que si las cosas no funcionaban correctamente se debió principalmente a sus propios defectos.

Este descubrimiento dió inicio a una gran búsqueda. Quería descubrir qué funcionaba mejor en su organización.

Junto a los empleados, Rene inició una trayectoria de 4 años que cambió radicalmente la organización.

En 2011 tomó la decisión de transformar la organización de equipos organizados tradicionalmente, a equipos autónomos autogestionados. Cambió de la pirámide jeráquica a una red de equipos.

Asegura que al trabajar con equipos autogestionados, las personas se involucran en una tarea de principio a fin, y desarrollan el espíritu emprendedor.

Afirma que resultó difícil. Y él lo dice claramente: "Regalar poder suena bastante fácil, pero es muy difícil. Tengo que decirme constantemente a mí mismo que me mantenga alejado de tomar decisiones por los empleados".

Ese cambio le dió un enorme impulso al desarrollo de Van Loon. Resultó ser una decisión brillante. La empresa crece más del 25% cada año. Informan tasas extremadamente bajas por enfermedad y de rotación de empleados.

De pirámide a red de equipos.

Rene defiende que trabajar en grupos autogestionados es la nueva realidad y dice: "Estoy convencido de que las organizaciones jerárquicas típicas desaparecerán con el tiempo, ya que las capas de gestión son una tontería".

Él prevé que las grandes estructuras jerárquicas sólidas serán reemplazadas por estructuras flexibles construidas por muchas células pequeñas que se mueven rápidamente. Rene utiliza una metáfora con frecuencia para describir esta transición: "Tenemos que pasar de un barco enorme a una flota de muchos barcos pequeños".

Pero trabajar en grupos autogestionados no es tan divertido como parece: "La presión en los grupos autogestionados es mucho mayor que en las organizaciones tradicionales. No hay opciones para esconderse de sus responsabilidades. Y no puedes aprovechar del éxito de otras personas".

Cada equipo tiene su propia especialización en una disciplina particular y trabaja de forma independiente de principio a fin en sus propias asignaciones. Como resultado del espíritu empresarial en toda la organización, las personas toman la iniciativa por sí mismas y se sienten involucradas y responsables.

En 2015, Rene tomó la decisión de fusionarse con la competencia. Van Loon y el competidor local comparten la misma estructura organizativa, valores y propósito. Para Rene, esto era de suma importancia. "La flota se hace más grande, solo hay más botes pequeños. El propósito es el mismo, todos navegamos en la misma dirección". Agregaron servicios de otras disciplinas como ingeniería mecánica, automatización industrial, construcción de paneles, seguridad, energía renovable, mantenimiento y servicio de gestión.

Hoy tienen la ambición de convertirse en el mejor y más sostenible proveedor de servicios técnicos de los Países Bajos dentro de cinco años. Buscan pasar de una empresa regional a una nacional. Entre el 1 de enero al 31 de diciembre de 2019, el número de empleados aumentó de 925 a 1.225. Ahora tienen 15 sucursales y una facturación de más de 182 millones de euros.

Soy consciente de que todas estas cifras parecen lejanas para un emprendedor que está comenzando en alguna ciudad de Latinoamérica, pero recuerda que esta empresa se mantuvo estancada durante 20 años hasta que entendió por donde era el camino. Tú corres con esa ventaja desde ahora.

Clave: Alinearse a las Tendencias

Si continuamos desarrollando la fórmula D.A.T.O.S. para llevar nuestro negocio en la construcción al siguiente nivel, nos dice que uno de los tres pilares es el desarrollo de una cultura interna de Alineación a las Tendencias.

Si repasamos, todo este libro habla de tendencias, ya que la idea principal es sobre la transformación de los constructores tradicionales hacia modelos modernos de *constructores dinámicos*.

En los negocios hay una frase que dice: "el que golpea primero, golpea dos veces". Se refiere a las ventajas que da ser pionero con un producto o servicio.

El método D.**A**.**T**.O.S., no apunta a que el constructor deba inventar un producto totalmente nuevo y revolucionario. Ya que eso no se podría replicar. En cambio, el pilar de **A**lineación a las **T**endencias pretende un estado constante de "estar alerta" a nuevas técnicas y herramientas que permitan la mejora continua.

Esta filosofía se basa en sumar pequeñas mejoras. La suma de ellas (pequeñas pero muchas) es lo que hace la diferencia. No se trata de "único invento original y revolucionario".

El mundo está cambiando increíblemente deprisa. La tecnología está avanzando con una fuerza arrasadora. Estamos a las puertas de la cuarta revolución industrial y hemos entendido que para prosperar no solo hay que adaptarse rápidamente al cambio, sino que además hay que ser partícipe de él.

Reputación del sector constructor

Durante muchos años, la construcción ha sido referida como una industria de fuerza y determinación. Y así se resistió al cambio, tardó en adoptar la tecnología y apostó a su reputación. Los sistemas y procesos innovadores tienen sin cuidados las complicaciones, la producción y organización del trabajo.

Las nuevas tecnologías están sobre nosotros, impulsada más por expertos que por el común de las empresas. Y se da que es más la escasez de mano de obra especializada que la voluntad de cambiar.

Tendencia del sector

El mundo de la construcción apunta a convertirse en un estándar. Los edificios poco a poco pasaran a ser un commodity.

En los próximos tiempos la rentabilidad se reducirá y la principal forma de incrementar los ingresos será aumentando la productividad.

Eso se hace muy evidente cuando observamos los últimos sistemas de construcción no tradicional. Como por ejemplo, la prefabricación, los sistemas de construcción en seco y la construcción modular.

Es claro que pasaremos de la construcción artesanal a la construcción industrial. También llamada industrialización de la construcción. La tendencia es a construir en serie y a gran escala, para bajar los costos y aumentar la rentabilidad.

En este escenario, se requiere una mayor sofisticación y eficiencia para seguir siendo competitivo.

Tercera revolución tecnológica

Podríamos estar atravesando una revolución tecnológica y económica. La primera fue la revolución industrial a mediados de 1800, cuando pasamos de la energía del agua a la energía de vapor. La segunda fue del cambio de vapor a la energía electromecánica. Hoy parecemos estar en otra revolución, que intentaría convertirnos en una economía de servicios.

Dos factores son verdaderos de cualquier revolución tecnológica:

La revolución ocurre más rápido de lo que podemos reaccionar. Por lo tanto, no podemos hacer un uso completo de las nuevas ideas tecnológicas lo suficientemente rápido como para avanzar al siguiente nivel sin grandes perturbaciones económicas.

El cambio no ocurre en un período de uno a tres años. Las últimas dos revoluciones duraron entre 30 y 40 años, pero el mundo no era tan técnicamente avanzado en ese momento. La revolución actual puede ser más corta, y ya vamos algunos años en ello.

La crisis mundial que provocó el Covid-19 ayudó a acelerar de manera exponencial ciertos procesos tecnológicos. Y seguramente será el inicio de grandes transformaciones que todavía no estamos conscientes.

Constructores tradicionales

Existen algunas características que no ayudan a la modernización de los constructores.

Una es la costumbre de resguardar "su" información. Creen que si no comparten cierta información logran seguridad en su negocio. También existe una escasa cultura de internet. Y va de la mano con lo anterior. Internet es sinónimo de "compartir", es información disponible, es conexión con millones de personas. Internet es abrirse al mundo, lo contrario a cerrarse en su negocio.

Sumado a la falta de personal capacitado, eso son los factores que impiden que las empresas del sector de la construcción adopten tecnología en sus procesos.

Se trata de un rechazo natural, debido a que las nuevas técnicas y tecnologías implican un cambio de paradigma. Y el cambio produce un estado de inseguridad.

Pero si estarían dispuestos a invertir si la nueva tecnología demuestra una mejora de manera importante a los problemas. Siempre y cuando los costos no sean excesivos.

Lo importante es siempre ver el regreso de la inversión a mediano y largo plazo, y no concentrarse únicamente en el costo de la tecnología.

A qué tendencia alinearse?

Existen aspectos importantes en donde los constructores deben mantenerse pendientes para estar alineados a las tendencias:

En la utilización de productos novedosos que nos permitan "ganar" en algún aspecto como por ejemplo: mejoras de calidad, bajar los costos, nuevas prestaciones, cambios estéticos o modas temporales, cambios de costumbres de clientes, etc.

La utilización de software o aplicaciones que mejoren el desempeño profesional o de gestión organizacional. Hoy existen herramientas digitales casi para todo lo que imagines y para lo que no imaginas también. Existen software cada vez más especializados para los trabajos profesionales de arquitectura e ingenierías, que ayudan a mejorar la calidad de ejecución de obras. Lo mismo se da para las otras áreas de las empresas, como marketing, ventas, atención al cliente, etc.

La utilización de maquinaria y herramientas manuales que brindan mejoras, principalmente en aumentar la productividad. Este punto tiene especial importancia para los constructores con gran presencia en obra. La ventaja de apalancarse en nuevas tecnologías siempre será un diferencial con la competencia.

La forma de mantenerse alineado a las tendencias es a través de capacitación continua. No solo del personal, sino también de los dueños del negocio. Ya que son ellos los que deciden la adquisición de nuevas tecnologías, y que muchas veces están relacionados con los objetivos de la empresa.

Algunas tendencias pueden ser tan fuertes y claras que lleven a un emprendedor a cambiar la dirección original de la empresa o agregar nuevas unidades de negocio.

Capacitación continua

No recomiendo hacer capacitaciones muy prolongadas de varios años, ya que generalmente, no se encuentran actualizadas (por lo rápido que se dan los cambios).

Más bien para mantenerme actualizado, prefiero los libros, los podcast, los videos de YouTube, los webinars y cursos especializados.

En mi caso, propongo que los empleados tengan que dar pequeñas clases a sus compañeros donde tengan que explicar que es lo que hacen y como se puede mejorar. Son pequeñas charlas bimestrales o trimestrales, relajadas, sin juicios de valor o calificación, sino abierta a la participación de los presentes y recibiendo opiniones que aporten valor.

Estoy convencido que la mejor manera de aprender es enseñando. Por ese motivo me reto a enseñar los nuevos conocimientos que adquiero.

Como parte de los objetivos anuales, incluyo la realización de cierta cantidad de cursos que debe realizar el equipo. Generalmente, cada cual elige el tema y curso sobre la habilidad que quiere aprender. Eso ayuda a no estar obligado a estudiar algo que no le atrae. A la vez, eso ayuda a la diversidad de habilidades dentro del equipo y comparten esos nuevos conocimientos. Ayuda mucho a despertar nuevas ideas a desarrollar dentro del negocio.

Otra buena práctica es investigar mucho sobre negocios similares al tuyo en otros países. Mira que y como lo hacen, estudia sus sitios web. Si bien es cierto que son mercados diferentes y no todo es aplicable, algunas cosas si lo son. Esto te permitirá traer ideas replicables a tu mercado.

Es curioso, pero en algunos casos, esas líneas de negocio adicionales, han llegado incluso a ser más rentables que el negocio principal de la empresa.

Una muestra de eso es mi caso con la empresa de estudio de suelos. Logré diferenciarme y aumentar la productividad con la utilización de una máquina perforadora especial para ensayos geotécnicos. Localmente ninguno de mis competidores utilizaba ese tipo de equipo y me ayudó a posicionarme rápidamente. Ese tipo de máquinas se utilizaba de forma habitual en USA y Europa, pero no en Latinoamérica. En mi búsqueda de mejorar mis servicios, encontré y conocí ese tipo de máquinas en internet y la incorporé.

Fue tal el impacto del uso de ese tipo de perforadora en mi mercado, que los mismos competidores me contactaban para comprar esas máquinas. Así es como nació una nueva unidad de negocio. Comencé a vender máquinas perforadoras especiales para estudio de suelos.

Estar alineado a las tendencias o ser primero en tu mercado te facilita el trabajo y te abre ventanas de oportunidades que de otra forma sería muy difícil llegar. Ta da el acceso a esos *monopolios temporales* que nombré en capítulos anteriores.

Tendencias

Sería muy difícil nombrar aquí las tendencias que existen hoy en la industria de la construcción. Dos motivos son lo que hacen complicada esa tarea. Primero, que por definición las tendencias cambian. Nombrar una tendencia hoy, mañana puede dejar de serlo. Y segundo, porque en el sector de la construcción es tan amplio que en cada área existen nichos, y en cada nicho tendencias puntuales.

Igualmente, existen macrotendencias de demandas que engloban en general a todo el sector. Es trabajo de cada uno "navegar" dentro de estas macrotendencias y encontrar la innovación que pueda aplicar en cada negocio.

Según el Foro Económico Mundial, las tendencias de demanda que van a gobernar los próximos años a la industria de la construcción son las siguientes:

Tendencias de mercado

A medida que aumenta la demanda en los países emergentes, la industria debe identificar cómo los mercados emergentes y en desarrollo pueden beneficiarse mejor de los avances tecnológicos y de los mayores estándares de seguridad que ya se aplican en los países desarrollados.

Con el tiempo, las empresas con sólidos procesos implantados y la capacidad de adaptar sus modelos de negocio a los nuevos mercados resultarán ganadoras. Muchos de los demás desaparecerán. El área particularmente desafiante es el de la infraestructura. Las instalaciones de infraestructura obsoletas exigen un mantenimiento, actualización y reemplazo adecuados. Y, por supuesto, existe una necesidad social de rápido crecimiento de instalaciones de infraestructura en los mercados emergentes.

Tendencias de sostenibilidad

Cada vez más, la sostenibilidad se está convirtiendo en un requisito más que en una característica deseable, y su búsqueda afectará tanto al proceso de construcción como a la obra construida en sí. El sector de la construcción produce una enorme cantidad de residuos, por lo que el uso más eficiente y el reciclaje de las materias primas, incluso una pequeña mejora, ofrece enormes beneficios potenciales. En consecuencia, están surgiendo otras nuevas prioridades, incluida la optimización del espacio, por ejemplo, y la garantía de métodos más eficientes de calefacción, refrigeración e iluminación.

La industria utiliza cada vez más fuentes de energía distribuidas o fuera de la red, como la energía eólica, la energía geotérmica y los paneles solares en los techos.

Tendencias sociales

Se espera que la población urbana mundial supere los 6 mil millones para 2045. Con aproximadamente una cuarta parte de esa población viviendo en barrios marginales si la proporción actual se mantiene sin cambios. De ahí la necesidad de un impulso en viviendas accesibles en áreas urbanas. En donde el proceso de construcción es muy complejo, debido a las limitaciones de espacio. Y por un mayor gasto en infraestructura de suministro de agua, saneamiento, etc.

En segundo lugar, amenaza con reducir la oferta disponible de trabajadores de la construcción. Esa amenaza puede parecer menos grave que en el pasado, ya que las nuevas tecnologías ahora están asumiendo muchas de las tareas que antes requerían trabajadores poco calificados.

Sin embargo, las nuevas tecnologías en sí mismas requieren una fuerza laboral altamente calificada, y la industria de la construcción tradicional, percibida como menos glamorosa que otros sectores, tendrá dificultades para contratar el talento 'digital' necesario.

Tendencias políticas y regulatorias

Los diversos desafíos políticos se relacionan con la regulación, la burocracia, la inestabilidad y la corrupción. La regulación impacta en muchos aspectos de la industria de ingeniería y construcción. En una encuesta mundial reciente, se identificó la regulación como el factor más importante de creciente dificultad.

La industria se ve especialmente afectada por los cambios en los requisitos de salud y seguridad, la legislación financiera y laboral y las normas ambientales. Las nuevas regulaciones en cualquiera de estas áreas pueden afectar negativamente las operaciones comerciales. Sin embargo, si se diseña cuidadosamente, la regulación puede resultar ventajosa para las empresas.

Por ejemplo, las inversiones de modernización en respuesta a la nueva Ordenanza de Conservación de Energía de Alemania ha sido un importante impulsor de la innovación para la industria de la construcción.

Yendo aún más lejos, uno podría pensar en la regulación. No cómo imponer una carga impositiva más, sino cómo ofrecer oportunidades para estimular la transformación de la industria e inspirar innovaciones que beneficiarían enormemente a la sociedad y al medioambiente.

Siempre subido a la ola

Es muy difícil desarrollar el tema de "Tendencias" en un libro, ya que probablemente cuando lo estés leyendo, existan cambios y novedades, por el rápido avance de las tecnologías. Este tema es más interesante para extenderlo en cursos o mentorías online, que permiten estar actualizado al momento del dictado.

La idea de este capítulo no es desarrollar exhaustivamente un tema particular o una nueva tecnología que sea una tendencia en la construcción. Sino, más bien, afianzar el concepto general de Alinearse a las Tendencias.

Pero si hay algo que quiero que te quede de este capítulo, es que estar alineado a las tendencias es asegurar la prosperidad a tu negocio. Ya que te mantendrás en el "juego" mientras otros van "caducando". Solamente tienes que estar atento y actualizado.

Solo para nombrar algunas tendencias de las que deberías estar prestando atención dependiendo de tu especialidad dentro del sector de construcción:

- Aplicación de Drones
- Realidad virtual o aumentada
- BIM modeling
- Impresión 3d
- Metodologías ágiles
- Maquinaria autónoma, maquinaria eléctrica

153

- Modulación o industrialización
- CRM para ventas. ERP para producción

Innovar

Durante todo el libro he insistido en la necesidad de innovar en tu negocio y sus beneficios. Me refiero a innovar en el sentido de mantenerte actualizado. No te pido que tengas la capacidad de descubrir o desarrollar algo totalmente original. Solo digo que te incorpores a la innovación de otros. Puede sonar feo, pero la gran mayoría ni siquiera realiza pequeños cambios, quedando estancado en lo "tradicional". Esa es la diferencia entre innovación y alinearse a las tendencias.

Si ahora te va "bien" como constructor. ¿Qué pasaría si te alineas a las tendencias del mercado? Y esto me lleva a la pregunta del inicio del libro. ¿En que grupo te vas a estar, en los constructores tradicionales o en los constructores dinámicos?

Agradecimiento

Gracias por el tiempo que le has dedicado a leer Constructor Dinámico. Es para mí un orgullo que hayas llegado hasta el final. No te olvides de enviarme un mail **maxicarle@gmail.com** si tienes cualquier duda, sugerencia o crítica.

Finalmente, si te gustó este libro y lo has encontrado útil, estaría muy agradecido **de leer tu opinión en Amazon**. Me ayudará a seguir escribiendo libros relacionados con este tema. Tu apoyo es muy importante. Leo todos los comentarios e intento siempre contestar, y así poder mejorar mis libros. Puedes dejar tu opinión en la página de este libro en Amazon. Gracias.

Made in United States
Orlando, FL
26 November 2024

54518376R00096